마음을 움직이는
최면과 결혼

최면상담과 NLP 중심으로

백형진 지음

박영story

글을 시작하면서

상담 일을 시작한 지가 퍽 오래되었다. 그간에 들었던 가장 많은 질문은 부부사이에 일어나는 갈등이다. 이 세상에서 가장 사랑해 만난 부부가 왜 갈등이 심할까? 결혼하려고 할 때는 사랑하는 마음으로 하늘에 있는 별이나 달도 따 줄 것같이 좋았으나, 살다 보니 싫증이 났기 때문이다.

그러니 결혼식을 마치고 3일을, 3개월을, 3~4년을 못 넘기고 이혼하겠다고 한다. 그러면서 하는 말이, "아이고, 나는 더 이상 이 남자와는 못 살아!" 상대도 하는 말이 있다. "그래! 나도 너 같은 여자와 더 이상 못 살겠다."라고 말하며 갈라서자고 나선다.

이렇게 관계 개선이 힘들어지면 서로가 미워지고 과거의 좋은 감정은 어디론가 없어져 서로를 못 잡아먹어 야단들이다. 그런 사람들이 연애 때에 서로에 대하여 저울질한 경우가 많다. 돈은 얼마나 있나? 학벌은 얼마나 갖추었는가? 이것저것 따져서 덕을 보려 했지만 막상 살아보니 좋은 것보다 마음에 안 드는 구석이 더 많이 보인다. 그때부터는 갈수록 무엇을 해도 부정적이다. 갈등이 깊어지고 돈, 처가, 시댁, 아이 교육 문제, 외도 등으로 가정은 바람 잘 날 없다.

이런 부부를 만나면 서로 살아온 문화나 환경을 이해하며 나와 똑같지 않은 점을 사랑하라고 타이른다. 그러나 이미 갈 데까지 간 그들이 내 말을 들을 리 있겠는가? 과거에는 완전히 달랐던 점에 끌려서 또는 같았던 점에 끌려서 만났지만 이제는 죄다 싫다.

이런 상황을 보면 법륜 스님의 말이 생각난다. 서로 베풀어주겠다는 마음으로 결혼하면 길 가는 사람 아무나와 결혼해도 부부사이에는 별 문제가 없다. 하지만 상대에게 덕을 보겠다는 생각이면 백 명 중에 고르고 골라도 막상 제일 엉뚱한 사람을 선택해 결국엔 후회하게 될 수 있다. 그러니 결혼생활을 잘 하려면 '상대에게 덕 보려 하지 말고 손해 보는 것이 이익'임을 알고 마음에 새겨야 한다.

세상살이에 모든 것을 긍정적으로 보면 한없이 마음이 편하지만, 똑같은 것을 보아도 부정적으로 보면 자꾸 상대가 미워지게 되어 있다. 좋은 사람, 나쁜 사람은 따로 없다. 처음 만났을 때 좋았던 마음을 유지하면서 서로를 사랑하다 보면 제대로 살아진다.

이 책은 그동안 결혼생활과 부부 관계에 대해 상담실을 운영하면서 알게 된 것을 에세이 형식으로 잔잔하게 엮은 산물이다. 그중에는 특이한 결혼생활을 하는 사람도 있고 도저히 부부가 상식적으로 부합하지 않는 내막을 지닌 경우도 있다. 그러나 그 모든 일을 이루는 것이 내 마음에 있고 생각의 차이임을 알면 정답게 살아갈 수 있다.

그렇게 되기까지는 그 무엇보다 뇌의 변화의 도움이 으뜸이다. 내가 달라지면 뇌는 변한다. 이는 시냅스가 변화하는 이치이기도 하다. 긍정적인 생각을 하면 그에 따라 긍정적인 시냅스가 모이고, 부정적인 생각을 가지면 그에 관한 시냅스끼리 모이게 되는 것인데 우리는 이에 관하여 커넥톰을 이룬다고 말한다.

결혼을 준비하는 예비 신랑신부, 신혼의 단꿈에서 깨어나 정신이 번쩍 드는 부부, 결혼 권태기를 맞이하고 죽네 사네 하는 부부, 정신없이 자식 뒷바라지 마치고 이제 행복한 노년을 준비하는 부부들에게 이 책을 바친다. 모든 사람이 서로를 보듬고 아껴주면서 이 책을 읽고 행복한 노후를 보내시기를 기대한다.

끝으로 이 글이 나오기까지 참으로 많은 분의 도움을 받았다. 아내와 가족 모두에게 이 영광을 바친다.

목차

제3장 결혼을 치유하다

제1장

결혼을 말하다

하나.
화를 다스리는 결혼 커넥톰

*커넥톰(connectome). 즉 뇌 속에서는 신경세포들 간의 연결 세기가 강화 혹은 약화되고(재조정), 새로 연결되거나 헌 연결이 끊어지고(재연결), 신경가지가 자라거나 줄어들고(재배선), 오래된 신경은 죽고 새 신경이 생기는(재생) 활동이 반복된다. 이렇게 뇌 속의 지도는 변한다. 게놈(genome)이 원천적인 운명이라면 커넥톰은 후천적인 자유의지의 경로다.

> 너무나 많은 여성이 멋진 직업과 행복한 결혼, 사랑스런 아이들,
> 환상적인 사회생활을 모두 누릴 수 있다고 생각한다.
> 그러나 그것은 환상일 뿐이다.
> ─ 레베카 마크

  화창한 5월의 어느 날이었다. 반쯤 열린 창문으로 요란한 까치 소리가 들려왔다. 내가 있는 곳에서 창문을 열면 한 폭의 그림 같은 해운대 장산 풍경이 들어온다. 오랜만에 서늘한 바닷바람을 쐬면서 봄볕에 데워진 해운대 모래밭을 거닐었다. 발가락에 와 닿는 모래의 촉감이 마치 구름 위를 걷는 것 같았다.
  동백섬을 한 바퀴 돌아서 조선호텔 소나무 숲길을 지나 집에 막 도착하니 상담실에서 검은색 재킷을 입은 한 여성이 기다리고 있었다.
  "처음 뵙네요. 무슨 걱정이 있어서 오셨습니까?"
  그는 웃으면서 말했다.
  "남편에 대해 의논하고 싶어서요."
  남편이 '욱'하고 성질을 낼 때면 옆에 누가 있는지조차 가리지 않는

다는 것이다. 언제부터 그랬느냐고 물었더니 하던 사업이 실패하면서 그렇게 되었던 것 같은데 시간이 지나면 좋아지겠지 생각했으나 벌써 몇 년째 나아지는 기색이 보이지 않았다고 했다.

"그동안 마음고생이 심했겠어요. 남편은 주로 무엇 때문에 화를 많이 내나요?"

"무슨 까닭이 있어서가 아닌 것 같아요. 하던 일이 잘 안 풀리거나 하면 집에 와서 만만한 가족에게 그러는 것 같아요. 마치 종로에서 뺨 맞고 한강에서 눈 흘기는 격이지요."

이런 사람들을 우리는 '인격 장애자'라고 부른다. 인격 장애자의 사전적 의미는 '내적 경험과 행동의 공고화된 패턴이 그 사람이 속한 사회의 기준을 벗어나면서 사회적으로 적정한 기능에 문제를 초래하는 것'이다. 그가 다시 말을 이어나갔다.

"병원에 한번 가봐야 할까요?"

"글쎄요. 하지만 남편이 그렇게 하려고 할까요? 오히려 자신을 정신병자 취급한다고 화를 낼 수도 있지 않을까요?"

"그건 선생님 말씀이 맞아요."

"그래서 결혼할 때는 혼자 있어도 외롭지 않고 같이 살아도 귀찮지 않은 사람이 좋다지요…?"

"그 말씀은 그만큼 제가 힘들다는 말씀인가요? 남편을 잘못 만났다는 말씀인가요?"

"글쎄요. 꼭 어떤 이유로 말씀드린 것은 아닙니다."

"그럼 제가 어떻게 해야 할지…."

"인슐린이 부족하면 당뇨병이 생긴다는 사실은 잘 알지요? 그래서 당뇨병을 치료하려면 혈액 속의 인슐린양을 증가시키면서 수치를 안정시키면 됩니다. 하지만 병적인 행동이나 우울 증상은 쉽게 없어지지 않아요."

마음을 움직이는 최면과 결혼

"저도 그게 걱정이에요….."

"심리학의 시조라고 불리는 정신분석가인 프로이트(Sigmund Freud)는 우울증을 '마음의 분노'라고 했어요. 즉 스트레스로 인해서 적의나 분노가 생긴다는 것이지요. 화가 나면 그것을 적절하게 해소할 힘이 있어야 하는데 달리 다스릴 방법이 없으면 치료 자체가 어렵거나 많은 시간이 걸리게 됩니다."

"그렇다고 저도 같이 화를 낼 수도 없고, 정말 저로서는 요즘 사는 것이 말이 아니에요."

"그건 그렇겠어요. 같이 화를 낸다고 상황이 해결될 것도 아니고 그렇다고 언제까지나 참을 수 있는 것도 아니지요. '눈에는 눈 이에는 이'라는 식으로 사는 사람도 있겠지만 그렇다고 그게 근본적으로 도움이 되나요."

"그러면, 언제까지 이렇게 살아야 하나요?"

"며칠 전에 TV에서 보았던 한성열 씨의 강의가 생각납니다. 스트레스가 쌓이면 우리의 면역성이 떨어지고 시상하부의 항상성도 문제가 되지요. 그래서 옛날 사람들은 무조건 '참을 인(忍)'자를 써놓고 그냥 참으라고만 했어요. 그러나 그것이 때로는 더 큰 문제를 만들기도 합니다. 물론 일리는 있어요. 화가 날 때 참지 않으면 큰 사고가 일어날 수 있으니까요. 그렇지만 보세요. 저수지에 물이 가득 차면 어떻게 되나요? 결국에는 언젠가 둑이 터지겠지요. 우리의 몸과 마음도 결국 그렇게 되는 겁니다."

"그렇지만 지금으로서는 다른 방법이 없잖아요….."

"그래서 소통이 필요한 겁니다. 바로 그게 상담(相談)이지요. 상담의 '상(相)'자는 '서로'라는 의미의 한자(漢字)에서 왔어요. 그리고 '담(談)'자는 '불화(火)'에서 시작되었고요. 자, 우리는 화가 나면 당장 가슴에 불이 난다고 하잖아요. 여기 '담(談)'에는 불(火)을 하나도 아니고 두 개를 포개어서 나타내는데, 바로 그 앞에 '말씀 언(言)' 자가 놓이면 '담(談)'자가 됩니다."

"즉 화(火)를 말(言)로써 다스린다는 뜻이 되겠네요."

"상담하기 위해서는 어느 한쪽이 말을 시작해야 합니다. 철학자 헤겔(Friedrich Hegel)은 '마음의 문을 여는 손잡이는 안쪽에만 달려있다'라고 했어요. 그렇잖아요. 안에서 문을 열지 않으면 바깥에서 보이지 않아요. 그래서 상처받고 싶지 않다면 안에서 문을 열라는 겁니다. 상처를 받았다면 '지금 내 마음이 아프다.'라고 있는 그대로 말하세요. 그렇다고 모든 상담에 자격증이 있어야 하는 것은 아니에요. 자격증이 없어도 얼마든지 대화할 수 있지요. 우리 어머니들이 삼시 세 끼 밥을 하는데 조리사 자격증이 있어야 하는 것은 아니잖아요."

"박사님 말씀은 남편과 대화를 시작하라는 것인가요?"

"그렇습니다. 그러나 전문가를 찾지 않다가 가끔 예외가 생기기도 합니다. 상담하러 갔다가 혹을 붙여오는 때도 있으니까요. 조언해 준다는 것이 오히려 화를 더 나게 해서 문제가 생기는 것이지요. 이를 보고 우리는 염장(鹽醬)을 지른다고 말해요."

"네. 우리 남편도 그게 문제예요. 내가 무슨 말을 하려고 해도 들을 생각도 하지 않고 무조건 화부터 내니까 대화가 되지 않아요."

"그랬었군요. 남편이 평소에 우울증을 앓고 있다고 했지요?"

"네. 그것이 '욱'하는 습관과도 연관이 있나요?"

"말씀을 들으니 그런 것 같네요. 습관의 맥락은 결국 뇌의 기저체에서 생겨나니까요. 남편이 화를 낼 때 덩달아 화가 나서 싸우게 된다고 했지요? 이것은 서로로부터 자연스럽게 형성된 감정입니다. 이온 음료수의 선전을 보면 자신도 모르게 침을 꿀꺽 삼키는 것이나 청량한 마음이 생기는 것은 몸에 에너지가 전달되는 것을 의미하잖아요."

"남편이 갑자기 화를 내면 저도 모르게 기분이 나빠지거나 기운이 빠지는 상황을 말하는 것이지요?"

　마음을 움직이는 최면과 결혼

"그렇습니다. 우리 몸에는 언제까지나 나를 보호하기 위한 유지기능이 있어요. 그것이 우리가 말하는 호메오스타시스(Homeostasis)인데, 항상성이지요. 인체는 특정한 조건을 유지하도록 프로그래밍되어 있습니다. 예를 들면 몸이 더우면 땀을 흘려 체온을 낮추고, 추우면 온몸을 떨게 되어서 체온을 높이는 것입니다. 즉 필요 이상의 수분을 섭취할 경우 땀과 소변을 통해 균형을 조절하는 기능이 있다는 겁니다. 반대로 짠 음식을 먹거나 수분이 부족할 경우는 갈증을 일으켜서 수분을 섭취하게 하는 것과도 연관이 있지요."

"그럼 박사님! 제가 시상하부에서 항상성을 유지하는 데 문제가 있다는 말씀인가요?"

"그렇습니다. 신체적 정보는 항상성과 같은 맥락입니다. 이를 변연계(limbic system)라고 하며 해마, 편도체, 뇌하수체, 교차상핵 등을 고루 갖추고 있는 곳이지요. 그곳은 변화하는 외부의 환경에 대응하도록 되어 있어요. 신장 및 부신에서 올라오는 코르티솔이나 노르아드레날린의 분비도 같은 맥락으로 봐야겠지요."

"그렇지만 호메오스타시스 반응은 단순히 외부 환경, 즉 물리 공간에 의해서만 일어나는 것은 아니에요. 인간 정신이 작용하는 모든 곳 즉 내면세계, 추상 공간에 의해서도 일어나는 겁니다. 그래서 일본의 뇌과학자 토마베티 히데토(とまべち ひでと)는 그의 저서『세뇌의 법칙』에서 '인간의 뇌는 상상과 현실을 구분하지 못하기 때문에 상상을 활용해 의도한 대로 바꾸어나갈 수 있다.'라고 말했어요."

"그렇다면 무엇을 상상하느냐에 따라서 부정적인 감정을 긍정적으로 바꿀 수 있다는 것인가요?"

"그렇습니다. 문제가 그 무엇이 되었든 쉽지는 않겠지만 상상을 통해 앞으로의 남편의 부정적 행동에도 마음의 안정을 가질 수 있습니다. 또 그게 잘만 된다면 남편 때문에 올라오는 화를 줄여나가는 데 큰 도움이 될 거고요. 앞으로 화가 올라올 때는 이런 상상을 하세요. 예를 들면 한 겨울에 살이 뜯겨나가는 듯한 추위를 상상하면 어느 순간부터는 몸이 떨리는 등의 생리적인 반응성이 나타날 것이고 난로를 생각한다면 몸이 따뜻해지겠지요. 이것을 역이용하면 남편의 화를 다스릴 방법을 찾아낼 수가 있겠지요.”

“그러면 불안도 줄일 수 있을까요?”

“그렇게 된다면 남편의 ‘욱’하는 화도 차차 줄일 수 있을 겁니다. 일본의 대표적 경영자 마쓰시타 고노스케가 이런 말을 했지요. ‘감옥과 수도원의 차이는 불평을 하느냐 감사를 하느냐에 달려있다.’ 그러고 보면 어떤 마음을 먹는지에 따라서 행동도 결정된다고 보아야지요. 그래서 감사하는 마음속에 행복의 길이 있다고 할 수 있습니다. 사람들은 그냥 죽고 싶도록 힘이 들거나 좌절할 수밖에 없을 만한 형편이나 환경이 닥치더라도 이 문구는 기억하라고 하지요. ‘죽고 싶도록 힘든 오늘의 그대 일상이 그 어느 누군가에게는 간절히 염원한 하루’라는 것을 말입니다.”

“그 말씀을 들으니 용기가 나네요.”

“그렇습니다.”

: 20세기 직관의 대가인 밀턴 에릭슨(Milton H. Erickson) 박사는 ‘환자는 자신의 무의식과 라포가 결여되어 있기 때문에 환자이다. 자신의 내적 자아와의 접촉을 잃어버린, 너무 많은 외부 프로그래밍이 된 사람들이다.’라고 했다. 이처럼 화를 조절하지 못하는 사람은 내면을 모르는 사람일 수밖에 없을 것이다.

NLP(Neuro-Linguistic Programming)의 메타모형에 관하여 ‘무엇이 문제죠?’라는 질문을 받은 칼 베니언 선생은 ‘나쁜 감정은 없습니다. 오

마음을 움직이는 최면과 결혼

래된 감정만 있을 뿐입니다.'라고 말하였다. 그것은 '나쁜 감정이 모든 것을 나쁘게 돌려놓는 것은 절대 아니다.'라는 말로 들린다. 나는 앞서 다른 유형의 내담자를 만나면 늘 하는 말이 있다. '역지사지(易地思之)'이다. 즉 입장을 바꾸어 생각해야 한다. 비단 부부뿐 아니라 다른 사람 사이 모든 관계의 기본은 역지사지로부터 비롯되어야 한다. 이를 해석하면 간단하다. 남편이 나에게 해 주었으면 하고 바라는 말과 행동을 내가 하고, 남이 나에게 했을 때 즐겁지 않은 행동은 하지 않는 것이다.

물론 이것을 실천하기란 쉽지 않다. '욱'하고 올라오는 화를 다스리는 것도 문제이지만 그런 상대의 화를 그냥 받아들인다는 것은 결코 쉬운 일은 아니다. 인간은 기본적으로 매우 자기중심적인 경우가 많아 자신에게 관대하고 또 스스로 합리화하게 되어 있다. 그러므로 다혈질을 끊임없이 되돌아보아야 한다.

맹목적으로 '남편은 그런 사람이고 이런 사람이다.'라고 평소에 생각하고 있다면 그래서 이때쯤 생기는 성질은 어찌할 수 없다고 생각한다면 결코 서로가 화합으로 가는 길은 쉬울 수가 없다. '나는 역지사지하고 있는가?'라고 마음속으로 자신을 돌아보면서 길을 찾는다면 부부가 새로운 전환의 길로 갈 수 있을 것이다. 이렇게 일상 속에서 서로에 대한 '입장 바꾸기'는 부부의 미래를 만들어 낼 수 있는 유일한 길이며 답이다. 부인이 한 회기를 마치고 집으로 돌아갈 즈음에 나는 인디언 추장이 자기 손자에게 했던 옛이야기를 들려주었다.

"애야, 우리의 마음 안에는 두 마리 늑대가 살고 있단다. 하나는 착한 늑대이다. 이 착한 늑대는 용기, 희망, 자기 확신, 자신감, 신념 등을 먹고 산단다. 그런데 다른 늑대는 악한 늑대인데 그는 분노, 좌절, 공포, 짜증 등을 먹고 산단다."

이 말을 듣고 어린 손자가 물었다.

"할아버지 그럼 둘이 싸우면 누가 이길까요?"
그러자 추장이 뭐라고 대답했을까?
"네가 먹이를 주는 쪽이 이긴다."

마음을 움직이는 최면과 결혼

둘.
간극의 차이를 받아들여라

미숙한 사람은 "당신이 필요하기 때문에
당신을 사랑합니다."라고 말한다.
성숙한 사람은 "당신을 사랑하기 때문에
당신이 필요합니다."라고 말한다.
— 에리히 프롬(Erich Fromm, 1900~1980)

구름 한 점 없이 쾌청한 7월이었다. 그동안 바쁘다는 핑계로 가보지 못한 장산 계곡을 한 바퀴 돌아서 바닷가를 지나 그랜드 호텔 앞에 섰다. 늘 그렇지만 해마다 이맘때면 백사장은 관광객이 전국에서 구름같이 몰려서 인산인해를 이룬다.

동백섬을 등 뒤에 두고 바쁘게 집에 도착하니 우울증을 앓고 있다는 한 여성이 기다리고 있었다. 여성은 이미 처음 마주할 때부터 '나, 지금 힘들어서 찾아왔어요. 제발 절 도와주세요.'라고 말하는 듯하였다.

"무엇을 의논하고 싶은가요?"

"저, 남편과 다투다가 유산했어요."

"두 사람이 크게 다툴 이유라도 있었나요?"

"아니에요. 그냥 작은 말다툼이었어요. 그런데 사흘 밤낮을 한 치도 양보 없이 버티다가 하혈을 해서 응급실에 도착했을 때는 이미 유산을 하고 난 뒤의 일이었어요."

그가 말을 이어가다가 잠시 몸을 바르르 떨었다. 오한 때문인가? 아니면 유산의 휴유증인가?

"신혼이라면 충격도 컸겠네요?"

"그건 그렇지만…. 그런데 마음속에 가지고 있는 것이 하나 있어서 의논드리려고 왔어요."

"그게 뭔가요?"

"사실 제가 어릴 적에는 어른들로부터 남편에게 지지 말라는 말을 듣고 자랐거든요. 처음부터 지고 살면 평생을 그렇게 산다고 했어요."

"그래서 남편에게 지지 않으려고 끝까지 버텼다는 말인가요?"

"아마 내 무의식 속에는 그게 잠재되어 있었나 봐요."

"그게 언제부터예요"

"부모님이 많이 싸우면서 사는 것을 보고 자랐어요. 그럴 때마다 엄마가 울면서 너는 절대로 나처럼 살지 말라고 했어요."

"그럼 이번 유산도 그게 원인이라고 보는 건가요?"

"예. 자꾸 그게 마음에 걸려요…."

"그럼 어릴 때 아빠와의 사이는 어땠나요?

"저와 아빠의 사이는 특별히 나쁘다거나 그렇지는 않았어요. 그냥 다른 가정과 비슷했다고나 할까요."

그가 말을 하다가 한숨을 내쉬는 것은 과거에 대한 회한인지 아니면 유산에 대한 아픔인지 모를 일이다. 그러다가 두 줄기 눈물이 그의 볼에 흘렀다. 아마 이럴 때 여자가 우는 것은 슬퍼서 우는 것이 아니라 속이 상해서 우는 것이 아닌가? 그래서 사람들은 이런 말을 한다. '설령 등짝에 천근 쇳덩이를 지고 있더라도 그것이 자기 짐이라고 받

마음을 움직이는 최면과 결혼

아들일 수 있으면 솜처럼 가볍겠지만 남이 지워준 무게라고 생각하면 우산 위에 내려앉은 눈조차 무거운 법이다.'

"그러면 지금 무엇이 가장 힘듭니까? 몸입니까, 마음입니까? 그것도 아니라면 서로에 대한 관계입니까?"

"몸과 마음이 다 힘들어요. 어느 하나만 힘들면 버티겠는데 그게 잘 안되네요."

"그러면 내가 무엇을 도와드리길 바라나요?"

"저, 불안감을 없애주세요. 남편과의 관계는 뒤로하고요. 그건 어떻게든지 해결이 되겠지요."

우리에게 무슨 일이 생기면 불안이 먼저 온다. 그것이 유산으로 생긴 후유증이든 무엇이든 간에 그렇다. 그 이유는 무엇보다 자기 자신을 지키기 위한 것인데 그 첫째가 마음일 것이고 다음은 몸일 것이다. 아니, 몸과 마음의 간극 차라고 해도 될 것이다. 그렇다면 이 간극의 차이는 어떻게 오는가?

서로에 대한 불신에서 온다. 불신을 없애기 위해서는 간극 차이를 조절해야 한다. 즉 내가 남편에게 가지는 기대치를 10이라고 하고 남편이 나에게 기울이는 노력의 정도가 3이라고 한다면, 내가 남편을 이해하고 바라기 위해 가지고 있는 기대치를 8로 낮추고 남편도 나를 이해하기 위해 5를 높여 보아야 한다. 여전히 3이라는 간극의 차가 생긴다면 그것은 어쩔 수 없을 일이다.

이런 상황에서 만일 상대의 노력을 인정하지 않는다면, 그래서 남편도 8이 되기를 계속 무리하게 고집한다면 아무리 노력해도 소용이 없을 것이라 스스로 좌절하게 될 것이고 그로 인하여 불안의 정도는 더 가중될 것이다. 이처럼 서로에게 생기는 간극의 차이가 불안의 원인일 때가 많다. 관계를 긍정적으로 이어가기 위한 예측과 기대에서 그 기대와 노력 사이에 '어찌할 수 없는 간극'이 있을 수밖에 없음을 서로가 인정해야 한다.

"어느 한쪽에서 조금만 양보를 했더라면 이렇게 유산에까지 이르지는 않았을 것인데?"

나는 혼잣말처럼 중얼거렸다.

"그 말은 맞는 것 같아요. 하지만 이제 와서 그게 무슨 소용이 있겠어요….."

"남편은 이번 일에 대해 뭐라고 합니까?"

"아무 말도 없어요."

"그럼 서로가 자숙하고 있다고 봐도 되는 건가요?"

"그것도 잘 모르겠어요."

"아직은 그렇겠지요. 갑자기 생긴 일이라 충격도 컸겠지요. 대체로 이런 경우에는 누가 말 한마디라도 잘못하게 되면 서로 감정을 다치게 되니까요. 일찍이 감정을 다스리지 않으면 호르몬의 분비가 심해집니다. 즉 페닐에틸아민 외에도 엔도르핀, 아드레날린, 노르아드레날린, 도파민, 옥시토신, 바소프레신, 코르티솔, 세르토닌 등의 변화가 생길 수 있습니다. 정신건강의학과 의사 김병수는 이런 현상을 보고 '모든 행동의 통제소재(locus of control)가 자신에게서 사라지게 되면 무력감에 빠지기 쉽다'고 하였습니다."

"그렇군요….."

"요즘 무슨 일을 해도 마음이 잡히지 않지요? 그럴 것입니다. 그래서 임상심리학자 러너(H. Lerner)는 남녀의 관계를 댄서에 비유하였습니다. 즉 댄서는 각자 주어진 스텝을 가지고 있지 않습니까? 예를 들면 남자가 밟는 스텝과 여자가 밟는 스텝이 다르지요. 그래서 누구나 자신에게 주어진 스텝을 밟을 때 두 사람은 춤을 출 수가 있지 않습니까? 그러나 내가 상대의 스텝을 밟아 주거나 다른 스텝을 밟기 시작한다면 상대는 과연 어떨까요? 처음에는 서투르겠지만 가지고 있던 스텝을 버리고 새로운 스텝을 위해서 두 발을 움직여야 할 것입니다. 물론 어느 쪽에서라도 먼저 손을 놓아버리지만 않는다면 말이지요. 그리고 상대의 발을 밟지 않기 위해 서로 조심스럽게 발을 움직이며 또 다른 스텝을 밟을수밖에 없는 것이 우리가 말하는 댄서가 아니겠습니까?”

“네. 공감이 가는 말씀이군요.”

“이런 이야기를 들은 일 있습니까? 어느 한 사람이 길을 가는데 나무꾼이 나무를 베고 있었습니다. 땀을 뻘뻘 흘리며 톱질을 하고 있었지만, 나무는 끄떡도 하지 않았지요. 그 사람이 나무꾼이 있는 데로 가까이 다가가서 자세히 보니 톱날이 무뎌져서 아무리 톱질을 해도 아무 소용이 없었어요. 그래서 ‘여보세요. 나무꾼 아저씨! 잠깐 쉬면서 땀도 좀 닦고 그 톱날도 바꾸면 훨씬 일에 능률이 오를 텐데요.’ 이렇게 말을 했지요.”

“그랬더니요?”

“그러나 그 나무꾼은 들은 척도 않고 손을 내저으며 ‘괜히 바쁜 사람 말 시키지 말고 가던 길이나 어서 가시오.’라면서 하던 톱질을 계속했어요. 그러면서 ‘지금 내가 쉴 틈이 어디 있소. 해가 지기 전에 이 나무를 모두 베야 하오. 그러니 정신이 하나도 없구먼….’이라고 덧붙였습니다. 이 이야기를 듣고 나면 누구나 ‘나는 그렇지 않겠지.’ 생각하겠지만 주위를 둘러보면 이 나무꾼처럼 미련한 사람도 아주 많아요.”

“선생님은 저를 두고 하시는 말씀 같으시네요.”

“아니 꼭, 그렇기보다는 자기가 지금 하는 일들이 얼마나 보잘것없는 생각인지 그리고 자가가 가진 무기가 얼마나 무딘지조차 모르면서 힘만 쓰는 나무꾼이나, 아무 목표 없이 자기 생각에 취해 있는 사람을 보면 그런 생각을 할 수도 있겠지요. 그래서 에이브러햄 링컨(Abraham Lincoln)은 이런 사람을 보고 뭐라고 했는지 아세요?”

“뭐라고 했는데요.”

"그는 이렇게 말했어요. '내게 나무를 벨 시간이 여덟 시간 주어진 다면, 그중 여섯 시간은 도끼를 가는 데 쓰겠다.'라고 말입니다. 그렇습니다. 우리가 하는 일이나 지금 내가 생각하고 있는 일들이 얼마나 이치에 맞는지 알아보는 것도 아주 중요하다고 보아야겠지요. 그래서 서로에 대한 간극의 차이도 알고 목표지점도 정확히 찾아서 나무를 베든 부부 싸움을 하든 해야 합니다. 우리가 방이 더럽다고 더러운 걸레로 아무리 열심히 청소하면 뭐 하겠어요, 오히려 방이 더 더러워지지 않겠어요?"

"그래요. 그건 맞아요."

"우리에게 가장 중요한 것은 의식주를 해결하는 것으로, 입고 먹고 자면서 살아가는 것이겠지요. 그러나 이런 기본 의식이 해결된다고 욕심이 모두 사라지는 것은 아니에요. 사람은 사회적 동물이지요. 그래서 사람과의 관계 속에서 서로를 지지하고, 지지받으면서 삽니다. 아무리 사람이 싫다 하여도 심한 자폐증을 앓는 사람이 아니고서야 혼자 있기만을 좋아하는 사람이 어디 있겠어요."

"네 저도 이번에 많이 느꼈어요. 내 생각만 하고 고집을 피운 것에 대한 후회가 막심합니다. 이런 경우를 놓고 불교에서는 업장(業障)이라고 하지요. 나도 이제 마음속에 남아 있는 카르마(karma)를 없애기 위해서 제2의 화살과 제3,4의 화살을 맞지 않도록 마음의 준비를 하고 살아야겠다고 생각했어요."

"아주 좋은 생각입니다. 결혼하지 않고 혼자 살 때는 내 생각만 하고 살면 되지만, 이제는 너와 내가 다독거리면서 살아야 하는 것이 부부 사이입니다. NLP에서도 나는 1인칭, 너는 2인칭, 그는 3인칭이라고 하지요. 결혼 전에는 누구나 1인칭 시점의 세상을 보지요. TV나 소설을 읽을 때처럼 3인칭 특히 전지적 시점으로 살기란 불가능합니다. 책을 보는 독자의 입장에서는 왜 그런 일이 일어났는지 알고 상황이 어떻게 해서 그렇게 생겼는지 알 수 있지만, 이야기 속의 주인공들은 모르는 것이 당연합니다. 그게 이번 유산과도 같은 맥락이지요. 이렇게 될 줄을 영화에서처럼 알았다면 유산을 할 때까지 서로가 고집을 피웠겠습니까? 그래서 영화나 책에서는 서로를 모르기 때문에 그 모습을 보고 우리가 울고 웃지 않습니까? 우리가 이야기에 몰입하는 이유도 어쩌면 우리가 사는 세상, 그리고 거기에서 살아가는 우리의 실제 모습들이 주인공의 모습을 닮아서일 겁니다. 나는 조금 전 서로의 마음을 헤아리지 못하고 자기에만 몰두하는 것에서 이제는 나보다 상대를 이해하고 받아들이라는 뜻에서 역지사지를 말했어요. 시집을 와서 남편에게 지지 않으려고 버티는 마음을 상대방도 모를 리 있겠습니까? 분명히 알았을 것으로 생각합니다."

나는 집으로 돌아가는 부인의 등 뒤를 한참 동안 바라보면서 목사이자 상담가인 장경동의 말을 떠올렸다.

"문제를 풀어가려고 하지 마세요. 그냥 두세요. 어디에서부터 부부의 '찡' 하는 감정이 떨어질지를 알면 문제는 저절로 해결될 것입니다.

한겨울에 눈이 수북이 쌓였다고 걱정하지 마세요. 눈을 치우려고도 하지 마세요. 해만 뜨면 눈은 스스로 녹아서 없어지고 말겁니다.

문제라는 건 해결하려고 하면 할수록 꼬입니다. 문제는 놓아두고 사랑으로 회복하면 됩니다."

셋.
이러려고 결혼을 하나?

아침에 일어나서 창문을 열고 밖을 내다보니 온 산과 들에 눈이 하얗게 내렸다. 얼마 만에 오는 눈인가? 부산은 바다와 인접한 곳이라 다른 곳보다 눈을 보는 것이 그리 쉬운 일은 아니다. 오랜만에 동심에 젖어서 소나무 숲에 얹힌 눈꽃을 바라보고 서있는데 상담실에서 나를 부르는 소리가 들렸다.

"선생님! 손님 오셨어요."

내담자를 만나보니 마치 물에 빠졌다가 방금 건져낸 생쥐처럼 온몸이 얼어붙어 있었다. '저 나이에 무슨 일로 저럴까? 그래! 아마 모르긴 해도 가족들의 일일 거야.'라고 생각한 것이 딱 들어맞았다.

"선생님! 이를 어째요. 외아들이 하나 있는데 살림을 차렸대요. 집에 알리면 결혼을 반대할 것 같으니 그렇게 했답니다. 이를 어째요?

왜, 그런 경솔한 짓을 했느냐고 했더니 글쎄 도리어 역정을 냅니다. 그러면서 하는 말이 이제 자기도 어엿한 성인인데 같이 평생을 살아갈 여자도 마음대로 할 수가 없느냐고 하지 뭐예요, 원 기가 막혀서. 이 게 이제까지 저를 키운 어미에게 할 말인가요? 그런데 더 기가 막히는 것은 가지고 있던 책, 한 권을 내게 내밀더라고요. 표지에 『스님의 주 례사』라고 쓰여 있었어요."

"그래서요…?"

그의 장황한 말을 들고 있으니 숨이 찼다.

"요즘 젊은 층에서 많이 찾는다는 말은 들었어요. 그런데 그 책이 잘 팔린 데는 이유가 있대요. 부모가 결혼을 허락하지 않더라도 성인 이 되면 결혼해도 된다는 말이 쓰여 있나 봐요."

"아, 네. 그것은 저도 알고 있는데요. 하지만 아드님이 주장하는 그런 의도의 말은 아닌데…? 허, 참! 그렇다고 살림부터 차릴 생각을 했을까?"

나는 여기서 법륜의 『스님의 주례사』 일부를 옮긴다.

결혼은 원래 두 사람이 서로 마음이 맞아야 하고, 그 다음에 양가 부모 가 동의를 해야 하고, 마지막에 친지나 친구, 주변 사람들 중에 이의가 없어 야 합니다. 반대하는 사람이 아무도 없어야 해요. 그렇게 해서 두 사람뿐만 아니라 주위에 있는 모든 사람이 기뻐하는 결혼식을 올려야 합니다.

그런데 주례를 서다 보면 양가 부모님의 동의가 잘 이루어지지 않은 경우 가 있어요. 이런 경우 최근 몇 년간 제가 결혼식 주례를 안 섰습니다. 그런 데 오늘 두 사람이 부모가 동의하지 않은 결혼을 한다고 해서 나라도 좀 보 태 줘야겠다고 생각이 들어서 안 하겠다는 약속을 어기고 주례를 서게 되었 습니다.

부모의 동의가 없으면 결혼을 못하느냐, 그건 아닙니다. 스무 살 미만의 미성년이 결혼할 경우에는 부모의 동의가 있어야 하지만, 성년이 되면 부모의 동의가 없어도 결혼을 할 수는 있습니다.

불교에서의 출가도 마찬가지입니다. 스무 살 미만의 사미가 출가할 때는 반드시 부모의 동의가 있어야 합니다. 부모 동의서가 없으면 출가를 할 수 없습니다. 그러나 스무 살 이상의 성년이 출가할 때는 부모님의 동의가 있으면 더 좋고 부모님의 동의가 없더라도 출가를 할 수 있습니다. 성년이 되었다는 것은 자기 인생에 대한 결정권을 스스로 가지고 있다는 뜻이기 때문입니다.

두 사람이 애를 써서 부모님의 동의를 얻었다면 더 좋았겠지만 얻지 못한다고 하더라도 잘못된 것은 아닙니다. 또 부모님도 자식이 결혼을 하겠다고 할 때 동의해주면 좋겠지만 동의를 할 수 없는 것은 본인의 의사를 표현하는 겁니다. 따라서 크게 잘못이라거나 비난하거나 할 수는 없습니다.

이때 결혼 당사자들은 부모가 결혼에 동의해 주지 않았다 해서 털끝만큼도 원망해서는 안 됩니다. 왜냐하면 부모님도 자신의 의사를 표현할 권리가 있기 때문입니다.

또 두 사람이 부모의 동의 없이 결혼한다고 해서 잘못된 행동이라고 할 수도 없습니다. 두 사람은 성인이기 때문에 자신의 인생에 대해 결정할 권리가 있습니다. 그러니까 이런 문제로 부모를 비난하거나 미워하거나 해서는 안 됩니다. 내가 내 의견, 내 운명을 결정할 권리가 있듯이 타인도 그럴 권리가 있기 때문입니다.

먼저 이 말씀을 드리고요. 대신 반대하는 부모님께 효도를 하는 길은 뭐냐, 부모님의 뜻을 거슬렀기 때문에 부모님의 생각이 맞다 하는 것을 증명해 주려면 살다가 이혼을 하면 됩니다. 그래서 부모님이 "봐라, 내 말 안 듣더니." 라고 말씀하시게 된다면 이것도 하나의 효도이고요.

그러나 이것은 바람직한 효도가 아닙니다. 그러니까 부모님이 "아 내가

그때 판단을 잘못했구나. 너희가 나보다 낫구나. 잘했다." 라고 말씀하실
수 있도록 여러 가지 어려움이 있더라도 두 사람이 보기 좋게 살아야 합니
다. (이하 하락)

"그리고서는 아들이 무엇이라 말하는지 아세요?"

그녀와 말을 다시 이어갔다.

"뭐라고 했는데요?"

"'엄마는 남들이 다 아는 교수님의 이야기도 몰라요?' 그러더라고요."

"그것은 또 무슨 이야긴데…."

아들의 이야기는 대강 이러했다. 외국 유학을 다녀온 교수가 여성과
눈이 맞아서 결혼을 서둘렀는데 부모의 반대에 부딪히자 부모에게 알
리지 않고 결혼식을 올린 것이다. 이것이 알려지면서 세간의 주목을
받았던 사건이 있었다.

"외아들이라고 하셨나요?"

나는 한동안의 침묵을 깨고 말을 이어 나갔다.

"네."

"아무리 성년이라고 하지만 부모에게 알리지도 않았다는 것은 아직
우리나라 정서에서 지나쳤다고 생각이 되네요. 더욱이 임신을 할 때까
지 숨기고 지냈다니…? 그렇지만 어쩌겠어요. 이미 엎질러진 물을 주
워 담을 수는 없으니…."

"글쎄 말입니다…."

"여자 측에서는 뭐라고 하나요?"

"무슨 말을 하겠어요. 그쪽에서는 그냥 처분대로 하라고만 해요."

"아니, 그런 말을 한단 말인가요?"

"이제 임신까지 했으니 배짱이지요."

"참, 안타까운 일이군요. 그럼 앞으로 어떻게 할 생각이세요?"

"……."

"어머님, 혹시 '밀양'이라는 영화를 보셨나요? 꽤 알려진 영화인데."

"아직 못 보았습니다."

"그럼 제가 어떤 이야기를 잠깐 해드릴까요…?"

"……."

"주인공 전도연 씨가 어머니로 나옵니다. 그의 하나 뿐인 아들이 우연히 살해당하게 되지요. 그리고서는 우여곡절 끝에 범인이 잡힙니다. 어머니는 뜬 눈으로 밤을 새우고 범인이 있는 교도소를 찾아갑니다. 가면서 생각하지요. 범인을 용서하고 '죄 값을 치루고 남은 인생을 착하게 살라'고 말하려 합니다. 그렇게 범인과 어머니가 만나게 되는데요. 거기서 대반전이 일어납니다. 어머니가 '이미 하나뿐인 자식을 잃게 되었지만, 나는 이제부터 당신을 용서하겠다'라고 말합니다. 그런데 죄수가 뭐라는지 아세요?"

"뭐라고 했는데요?"

"자신은 이미 교도소에 수감되었고 충분히 그 죄 값을 치르고 있는 중이며 얼마 전 하느님께 귀의했으니 이미 용서를 받았다고 말하지 뭡니까? 즉 이제는 당신에게 '미안하다'고 말하지 않아도 된다는 것입니다."

"네…. 그리고는요?"

"그 말 한마디에 마음이 얼마나 참담하겠어요. 하나뿐인 아이가 살해당한 것도 억울한데 그런 말까지 들었으니, 너무 가혹하잖아요. 아들을 죽인 살인자를 눈앞에 두고 화 한번 내지 못하고 그 죄수를 용서할 수 있는 기회마저 잃게 되었으니 말입니다."

"선생님! 그것은 저의 입장도 마찬가지예요."

"그것은 또 무슨 말입니까?"

"아니, 그렇지 않나요? 처음 결혼을 시켜달라고 했을 때 반대했더니 저희들끼리 살림을 차리고 임신까지 한 뒤에는 이제 배짱이지 뭐예요? 이제 마음대로 하려면 하라는 것이지요. 그래서 네가 어떻게 그럴 수 있느냐고 했더니 도리어 역정을 내면서 처분대로 하라고 하는 겁니다."

"그것 참 황당했겠군요."

"나라에서 법으로 낙태를 금하고 있으니 이제 어쩌겠느냐고 그러는 것이지요."

"하! 참…."

"짐승을 키우는 일이나 자식을 키우는 일에 입찬소리 못한다고 하지만 이건 해도 해도 너무하네요."

"그건 그래요. 나라의 일이나 한 가정의 일이나 그게 그것이군요."

"그건 무슨 말인가요?"

"그런 말 있잖아요. 한 여자로 인해서 나라를 망친 임금들 말입니다. 예를 들면 연산군이나 장녹수, 장희빈 등도 그렇고요. 또 다른 나라의 경우에도 이를테면 서양의 클레오파트라, 중국의 서시(西施), 왕소군(王昭君), 초선(貂蟬) 양귀비(楊貴妃) 같은 사람들 말입니다."

"그러고 보니 그러네요. 요즘 잠을 제대로 못자요. 우울증에다 불면증까지 걸려서…."

"그렇지만 이제부터라도 마음을 크게 다잡아야지요. 잠자리에 들 때마다 자주 나쁜 기억을 떠올리면, 화가 나고 흥분되어 잠을 이루지 못할 것입니다. 감정적인 경험으로 인해 변연계에 있는 편도체와 해마의 기억이 증폭되어, 그것을 끄집어내게 되고 그때 생긴 정보가 시상하부까지 전달되면 자율신경계가 흥분하기 때문입니다."

"그럼 저는 앞으로 어떻게 해야 할까요?"

"우선 이때는 전두엽의 개입이 가장 효과적입니다. 뇌는 계층성을 지니고 있고, 전두엽은 대뇌변연계의 편도체와 해마에 즉시 개입할 수 있으니까요. 둘이 동시에 주가 될 수 있는 일은 결코 일어날 수가 없으니까, 전두엽과 대뇌변연계는 어느 한쪽이 주(主)가 되고 당연히 다른 하나가 종이 됩니다."

마음을 움직이는 최면과 결혼

"……."

"전두엽이 주가 되어 움직일 때 대뇌변연계는 종이 되며, 반대로 대뇌변연계가 주가 될 때는 전두엽이 작동하지 않습니다. 어느 한쪽이 전혀 움직이지 않는다는 것은 반드시 어느 한쪽이 우위에서 수행한다는 의미이지요. 말하자면, 우리가 화를 내거나 우리의 가슴이 두근거리거나 마음이 불안할 때는 대뇌변연계가 우위가 되고 전두엽은 아래로 떨어지는 상태입니다."

"그럼 전두엽을 활성화시켜 대뇌변연계의 활동을 낮추면 마음을 진정시킬 수 있겠네요."

"그렇지만 그게 쉽지 않아요."

"……."

"우리에게 많이 알려진 구스반 산토(Gus Van Sant) 감독의 '굿 윌 헌팅(Good Will Hunting)'이라는 영화를 본적 있나요?"

"아니요, 아직 못 보았어요."

"가능하면 한 번 보세요. 이 영화 주인공들의 대화가 좋은 교훈이 될 것입니다. 전두엽의 개입이 이루어지면 대뇌변연계의 활동이 억제될 것이고 그러면 평온을 유지하는 데 도움이 된다는 것입니다. 그러면 아드님에 대한 분노도 조금씩 줄어들면서 대뇌변연계 공격성을 진정시키는 계기가 될 수 있을 테니까요."

"……."

"아무쪼록 마음을 크게 하세요. 밉든 곱든 하나 밖에 없는 자식의 일이 아닙니까?"

"……."

넷.
속궁합에게 묻다

현실을 부정하는 것이 아니다.
나는 단지 내가 받아들인
현실을 선별하는 것뿐이다.
– 빌 위터슨

코끝이 아릿하지만 기분 좋은 바람이 부는 해운대의 가을들녘이다. 은행잎이 물던 동백역의 가로수 길을 걷다가 집으로 돌아왔다. 그동안 위염 때문에 마시지 못했던 커피 한 잔을 마시니 향이 입안에 가득하였다. 그때 가슴부위가 깊게 파인 하얀 드레스를 입은 여성이 찾아왔다.

"선생님, 저는 결혼 한 지 서너 달이 지났는데 남편과의 사이가 원만하지 못해요. 왜 저에게 한 번도 곁을 내주지 않는지 그걸 모르겠어요. 처음에는 바깥 생활이 바빠서 그런 줄 알았는데 그게 아니에요. 퇴근하면 곧장 자기 방에 들어가서는 거실을 한 번도 나올 생각조차 하지 않아요."

이날, 만난 그의 이름을 '이브 님'이라고 부르기로 했다. 왜냐하면 프로이트가 말한 본능, 즉 성욕과 관련된 이야기를 나누자고 말했기 때문이다. 그는 어젯밤도 잠을 한숨도 못 잤단다. 수면은 우리 몸에 있는 피로를 풀어주고 스트레스를 감당하는 데 전체 85%를 차지한다. 수면을 위한 시스템 중 멜라토닌 분비는 광 자극을 받으면 망막을 거쳐 시교차상핵(SCN)을 지나 송과체에서 분비된다.

"저는 요즘 무엇을 해도 손에 잡히지 않아요. 이 세상에 혼자 달랑 남아 있는 것 같은 묘한 기분이 들거든요."

마치 무엇에 쫓기는 사람처럼 말을 빠르게 이어나갔다.

"요즘 무척 힘든 나날을 보내는군요."

그의 기분을 살피면서 대화를 이어갔다. 잠을 못 자서 그런지 얼굴이 부석부석하였다.

"참 안타까운 일이군요. 감정의 기복이 심한 것을 보니 우울증도 심한 것 같네요?"

"네. 제가 요즘 그래요. 남편의 눈치만 보고 살아서 그런지…."

"그럼 저와 나누실 이야기의 핵심은 뭔가요?"

"네. 우선 남편이 왜 저러는지를 알 수가 있을까 해서요. 제 이야기를 들으면 도움을 주실 것 같아서 찾아왔어요. 가끔 남자들이 비뇨기과적으로도 그런 행동을 보일 수 있다는 이야기는 들었던 것 같은데 그것도 확실하지 않고요."

그의 이야기를 들으면 스티브 헤인스의 「트라우마와 통증」이라는 글귀가 생각난다. '우리는 삶의 날카로움에 자주 상처를 입는다. 상처는 크고 작은 흉터를 남기며 회복되지만 감당하기 어렵거나 준비되지 못한 상태에서 새겨진 상처들은 더 큰 후유증을 남기게 된다. 이런 것들이 마음에 남으면 트라우마가 되고 신체에 새겨지면 통증이 된다.'

"그럼 저를 만나는 것보다는 비뇨기과 의사를 찾아가는 것이 더 빠르지 않을까요?"

"예. 저도 그렇게 생각을 안 한 것은 아니어요. 하지만 비뇨기과에

간다고 해도 제가 무슨 말을 할 수가 있겠어요. 그곳은 상담하는 곳이 아니라 치료를 담당하는 곳이잖아요. 그래서 이런저런 궁리 끝에 선생님을 만나서 말이라도 하다 보면 가슴이라도 시원해질 것 같아서요."

"……."

"선생님 요즘 청춘남녀는 몇 달 동안 동거를 한 후에 식을 올린다고 들었는데 그 말이 맞는가요…?"

"글쎄요. 그것은 사람마다 조금씩 다르겠지요. 잠자리를 같이한 일이 있었다고 했지요?"

"네. 한 번, 그것도 결혼식 날 밤이었어요."

"그렇다면 성적인 이유는 아닌 것 같잖아요."

"아니에요. 이제 와서 생각하니 그것도 조금은 이상했어요. 말이 관계했다고 하지만 그것도 참, 뭐라고 말하기가 뭐…. 하지만 그것 자체가 조금 그랬어요. 처음엔 남편이 술을 마셔서 그런가 하고 생각했어요. 그러나 그게 아닌 것 같고…. 몇 분 동안, 아마 그래. 그래요. 지금 생각하니 성에 대한 무슨 약을 먹은 것 같더라고요…. 그 뭐 있잖아요. 비아그라인가 뭔가 하는?"

"허, 그럼 남편이 비아그라를 먹고 첫날밤에…. 허, 그 참내."

"……?"

"그렇다면 남편이 성적 장애가 있어서 부인을 피하고 있다고 생각하는 겁니까? 아니면 성병이나 다른 이유로 그러는 것인지 궁금합니다. 최면감수성에 대해서 조금 더 이야기를 나누어 볼까요? 저는 주로 상담 중에서도 최면을 전담하는 사람이니까요. 제 생각에는 지금의 주제 중에서 의식만을 가지고 이야기 나누기보다는 트랜스 상태에서 대화해보고 싶군요."

"알겠습니다. 그럼 제가 할 수 있는 일은 뭔가요?"

"아직 확인된 것이 아무것도 없으니까, 외부에 무슨 사실을 말하는 것인가를 최면 상태에서 이야기해보면 어떨까요?”

"……."

"우리가 NLP 심리 및 최면 상태에 가면 생각지 못했던 그 무엇까지도 이야기를 나눌 수가 있거든요. 특히 이브 님 같은 입장이라면 그렇게 해보는 것도 괜찮을 것 같은데요. 이 치료를 한 뒤에는 집중력이 생기고 일반적으로 기억력 이상 증진(Hypermnesia)도 생기니까요.”

"그렇습니까? 그렇다면 당장 해봐야지요.”

"우리의 의식에 대한 과정에서 정서의 생리적 표현을 나누어 볼 수 있습니다. 첫 번째의 이성적인 표현에서는 지각－전두엽－편도체의 느낌으로 동선이 이어지는 데 반하여 둘째로서의 본능적, 충동적 표현들은 대개가 지각-편도체의 두려움과 분노, 시상하부, 호르몬계 자율신경계의 반응을 일으키게 됩니다.”

"그럼 전 무엇을 하면 되나요?”

"지금 눈을 감고 상상해보세요. 눈앞에 노란 레몬이 있다는 것을 말입니다. 그리고 크기는 작을 수도 있고 클 수도 있습니다. 자유롭게 상상해도 됩니다. 눈을 감은 상태로 마음의 눈으로 레몬을 만져보세요. 어떻습니까? 촉감이 떠오릅니까? 그러면 레몬의 속살도 상상해보세요. 색은 어떠한가? 어떤 모양을 가졌는지 맡아 보세요. 그리고 가능하면 한 입 깨물어서 레몬의 시큼한 맛이 있는지 살피는 겁니다. 어떻습니까? 침이 고입니까? 그렇다면 느낌이 어떤 것이든 상상되는 대로 한번 시도해보세요.”

"네 시큼한 맛이 온 입안에 고여요.”

"그러면 최면적인 감수성이 아주 잘된 것입니다.”

: 우 리가 말하는 최면은 일부 전통 최면을 말한다. 그러나 반드시 전통 최면만 최면이 아니다. 우선 에릭슨과 그 외 NLP 기법들이 알려져 있는데 특히 파트 테라피(Parts Therapy)는 EFT(Emotional Freedom Techniques), EMDR(안구운동 민감소실 및 재처리 요법) 등과 같이 트라우마나 마음의 상처를 없애는 데 도움이 된다. 그의 불안과 스트레스를 없애기 위해서 리그레션(Regression)을 통해 전생요법을 시도하였다. 이것을 NLP에서는 5 스텝 리프레이밍(5 Step Reframing)이라고 한다. 상담학회에서도 기전으로 다루기는 하지만 인간의 내면 파트, 다시 말하면 하위 인격들의 존재를 불러내어서 신념을 바꾸는 것이다.

"좋습니다. 자! 그럼 이제부터 마음의 깊이를 살펴봅시다. 이제 내가 왼쪽 어깨를 손으로 터치하면 어깨로부터 힘이 쭉 빠지는 것을 느낍니다. 자, 이제 마음의 깊이까지 왔는지 살펴봅니다. 내가 지시를 하면 들리는 쪽으로 고개를 끄떡여볼 수도 있습니다. 그리고 이제 가고 싶은 마음의 깊은 곳이 있으면 같이 가도록 안내를 할 것입니다. 자, 그렇다면 마음속으로 '나는 더 깊은 곳으로 가고 싶어요.'라고 생각할 수도 있습니다. 그러면 이제 머리로부터 얼굴, 이마, 볼, 가슴부위, 팔, 다리까지 힘이 하나씩 빠져나가는 것을 느끼게 될 것입니다.

이브 님은 이미 깊은 '마음의 법칙' 안으로 들어왔습니다. 마음이 어느 깊이에 와있다고 생각되면 이 엄지손가락을 굽혔다 펴서 또 한 번 표시해보세요."

"네." 그가 모깃소리처럼 가늘게 대답했다.

"이브 님은 남편 때문에 무척 마음이 불편하다고 했는데 그 마음의 부분에 도달해 계시는가요?"

"…네."

"그럼 묻겠습니다. 지금도 남편이 이브 님을 많이 무시하고 있는 것 같으세요?"

"네…?"

점점, 소리가 더 작아지고 있었다.

"그랬었군요. 그러면 결혼 전에는 남편과 잠자리를 같이 한 적이 있습니까? 없었다고 했지요?"

"네…."

"그럼, 지금 어떤 기분인가요? 혹시 버림받는다는 느낌이 드나요?"

"네…."

"그 이유를 알 수 있나요? 지금 마음의 어느 깊은 곳에 와 있으니 무엇이라도 알려고 하면 다 보이거나 알 수 있습니다. 우리는 평소 의식의 5%에 살지만, 무의식은 95%로 우리를 지배하고 있으니까요."

"……."

"결혼 전에 남편이 사귀던 여자가 있었거나, 결혼식을 올릴 때 양가에서 혼수 문제로 갈등은 없었나요…?"

"아니요."

"그럼, 하나씩 가까운 것부터 찾아가도록 해봅시다. 그럼 다시 묻겠습니다. 며칠 전 고교 동창에게 남편과의 사이를 말하다가 친구가 말을 다 듣기도 전에 동창이 그런 일로 바쁜데 전화했냐고 짜증부터 냈다고 했지요."

"네, 그랬어요."

"그때의 기분은 어땠나요?"

"'그래! 너희들은 나처럼 당해보지 않았으니까 알겠니.' 그랬어요. 그러면서 '너희도 내가 되어 봐라! 과연 그런 말이 나오나.'라는 생각도 같이 들었고요."

"그리고 어떤 남자가 결혼했는데 신부가 착한 여동생 같아서 곁에

마음을 움직이는 최면과 결혼

가는 데 수개월이 걸렸다는 말도 들어보았다고 했지요."

"네."

"또 결혼을 주선했던 '결혼정보업체'에 전화를 걸었더니, 그쪽에서 하는 말이 그런 것도 미리 확인해보지 않고 결혼했느냐고 비난까지 받았다고 했지요?"

"네."

"그 말에 어떤 생각이 들었나요?"

"참 기가 막힌다고 생각했어요. 결혼하려는데 궁합도 중요하지만, 속궁합도 아주 중요하다는 것을 모르는 바보가 어디 있겠어요. 그렇다고 그것도 확인하지 않고 결혼했냐고 하는 것은 말도 안 된다고 생각했어요. 남자라면 한 번쯤 지나가는 말로 모텔이라도 가자고 해 본다고 하지만 여자가 어찌 그런 말을 먼저 할 수가 있겠어요? 그래서 너무 황당한 말을 한다고 여겼어요."

"그럼 그들이 남의 사정을 이해해주지 않는 것이 화가 난다는 것이지요?"

"네, 맞아요. 그래요."

"그럼 이런 이야기는 어때요? 어떤 사람이 술에 취해 가로등 근처 땅바닥에 기어 다니는 것을 한참 보고 있던 누군가가 말을 걸었습니다. '왜 이러고 있습니까?' 술 취한 사람이 대답하기를 '이 근처에서 열쇠를 잃어버렸어요.'라고 말했지요. 그러자 바라보던 이가 다시금, '그렇다면 왜 저쪽은 찾아보지 않으세요?'라고 물었어요. 그러자 술 취한 사람이 '그러고 싶지만, 가로등 밑이 더 밝잖아요.'라고 하지 않겠어요."

"그럼 저도 술 취한 사람처럼 아무 데나 돌아다닌다는 건가요?"

"그런 뜻으로 말씀을 드린 것은 아니고 조금 더 남편을 지켜보는 것이 어떠냐는 뜻에서 말씀드린 것입니다."

"그냥 기다리라는 말인가요?"

"글쎄요. 그러다 보면 이야기할 수 있는 기회가 있지 않을까요?"

"제가 너무 서두른다는 건가요? 그렇다면 결혼한 남녀가 처음부터 다른 방을 쓰는데 그게 정상이라는 겁니까?"

"남편에게 무슨 사정이 있을 수도 있잖아요."

"그게 하루 이틀이면 제가 이러겠어요. 벌써 석 달째예요."

"그렇다고 한 번도 잠자리를 같이한 적이 없는 것은 아니잖아요?"

"그건 그렇지만…."

"이런 말이 있어요. 생각을 조심하라. 왜냐하면 그것은 말이 되기 때문이다. 말을 조심하라. 왜냐하면 그것은 행동이 되기 때문이다. 행동을 조심하라. 왜냐하면 그것은 습관이 되기 때문이다. 습관을 조심하라. 왜냐하면 그것은 인격이 되기 때문이다. 인격을 조심하라. 왜냐하면 그것은 인생이 되기 때문이다."

"이건 법정 스님의 말이잖아요."

"네. 맞습니다."

다섯.
결혼 뇌력

우리는 같음을 통해 연결되고,
다름을 통해 성장한다.
― 버지니아 사티어(Virginia Satir, 1916~1988)

가을비가 온 산과 들에 주룩주룩 내렸다. 거리에는 온통 말라서 떨어진 나뭇잎이 여기저기 뒹구는데, 이런 궂은 날씨에 나를 찾아온 사람 역시 햇볕에 검게 탄 얼굴만큼이나 몸이 삐쩍 말라 있었다. 우리는 흰 보가 싸인 둥근 테이블 앞에 앉았다.

"어떻게 오셨습니까?"

"남편과의 사이가 갈수록 나빠져서요."

"최근에 무슨 일이 있었습니까?"

이야기를 나누다 보니 불현듯 며칠 전 전화로 주고받았던 음성이 기억났다.

"그저께 전화를 했을 때 남편에 대해서 의논하고 싶다고 하셨는데 그때 그분 맞지요?"

"네. 맞아요. 법원 앞에서 전화했어요. 그때는 변호사를 만나려고 여기저기 기웃거리고 있었어요."

"그럼 지금은 어떤가요?"

"우선 선생님을 만나고 난 뒤에 찾아가도 늦지 않다고 생각했어요."

그동안 수면제가 아니면 잠을 제대로 자지 못했단다. 대화를 나누는 중에도 가끔 얼굴빛이 변하는 것이나 컵을 잡은 손이 파르르 떨리는 것을 보니 여전히 마음에 여유가 없나 보다. 이런 분을 만날 때는 문득 콜린스가 말한 순기능 가정이 생각난다. 부부란 서로를 신뢰하고 도와주면서 살아가는 관계이다. 그렇지만 역기능 가정을 가진 사람들도 할 말은 있을 것이다. '그럼, 이 세상에 스트레스 안 받고 사는 사람이 어디 있어요? 그냥 순응하며 사는 거지요.'

그러나 가족관계에서 받는 스트레스는 다른 것과 같을 수 없다. 일을 하다가 생겼다면 환경을 바꾸면 되겠지만 가족에게 생긴 문제는 '나쁜 감정' 그 자체가 아니고 그 감정을 갖는 '원인'이 되므로 그 틀을 벗어나기란 여간해서 어렵다.

스트레스의 실험으로 이미 많은 사람에게 알려진 의사 한스 셀리에(Hans selye)의 사례를 보자. 그는 두 마리의 쥐를 대상으로 실험했다. 한 쥐에게는 종양을 일으키는 약물을 투여하고 다른 쪽 쥐에게는 생리식염수를 투여하였다. 그런데 얼마 뒤 양쪽 쥐에게 종양이 발생하였다. 그 이유를 놓고 오랫동안 고심한 끝에 생각해낸 것이 생리식염수를 투여하기 위해서 쥐를 잡았던 그 손 때문에 트라우마가 생긴 것이라 추정되었다.

두 번째는 미국의 방사선 전문가 '칼 사이몬튼(Carl simonton)' 박사를 들 수 있다. 그는 "지금까지 수많은 암 환자를 치료해왔는데 대부분의 암 환자들이 암이 발생하기 전 6개월에서 2년 사이에 스트레스를 많이 받았음을 알게 되었다."고 말했다.

셋째로는 우리나라의 가정의학과 교수인 이종환 박사가 "스트레스를 만병의 근원으로 보기 보다는, 오히려 스트레스가 생긴 뒤의 '나쁜 감정'이 결국 병의 원인이 될 수 있다"라면서 스트레스를 피하는 것보다는 '나쁜 감정'에 대처하는 편이 더욱 좋을 것이라고 했다.

: 그녀가 남편을 만난 것은 등산 활동에서였다. 일요일 오후 친구들과 가까운 산에 올랐다가 서로를 알게 된 것이 인연이 되어 결혼했는데 얼마 지나지 않아 뜻밖의 사실을 알게 되었다. 이유인즉 남편이 대학을 졸업한 것이 아니라 지방에 있는 모 공업고등학교를 나왔다는 것이다. 이 사실을 알고 나서 큰 충격을 받았으나 이 사건이 생긴 지 얼마 지나지 않아 이번에는 엉뚱한 곳에서 또 다른 사건이 하나 터졌다.

어느 날 같은 아파트에 사는 아주머니가 집으로 찾아왔다. 그가 시내에 나갔다가 남편이 알 수 없는 여자와 대낮에 모텔에서 다정하게 나오는 것을 보았단다. 그 말을 전해 듣고 그는 정신을 차릴 수가 없었다. 마치 하늘과 땅이 꺼질 것 같았다. 그렇잖아도 학벌 때문에 전전긍긍했는데 그게 얼마나 되었다고 이번에는 외도까지 한단 말인가? 생각이 여기에 이르자 온몸의 피가 거꾸로 솟구치는 것 같았다. 그래서 초조하게 퇴근 시간을 기다리던 그가 남편을 보자마자 따졌다.

그런데 아내의 말이 떨어지기도 전에 남편이 더 큰 소리로 크게 역정을 내면서 누가 그런 말도 안 되는 소리를 하고 다니느냐고 고함을 쳤다. 전혀 예기치 못한 상황에 부딪히자 그는 더욱 정신을 차릴 수가 없었다. 가끔 남편이 짜증을 내는 일은 있었지만 이렇게 큰소리로 고함까지 치는 것을 본 적이 없었다.

갑자기 기가 팍 꺾인 나머지 그의 마음은 더욱 혼란스러웠다. 그렇다고 낮에 다녀간 아주머니의 이름을 댈 수 있는 처지도 아니었다. 그러면 남편을 잘못 봤다는 말인가? 아닐 것이라는 생각이 들지만 어쩔 수가 없었다. 하는 수없이 더 이상 아무 말도 못하고 그날은 그냥 지나갔다.

아니 땐 굴뚝에 연기 날 리가 있겠는가? 거짓으로 학벌을 속인 것은 그렇다 치더라도 이런 일은 그냥 넘어갈 수 없는 일이 아닌가? 그러는 사이에도 마음 한 구석에서는 낮에 아주머니에게 들었던 말이 자꾸 허공 속에 맴돌았다. "색시, 내가 그러더라고 말하면 절대 안 돼! 만약 내 남편이 알게 되면 나, 쫓겨나? 비싼 밥 먹고 엉뚱한 일만 하고 다닌다고 말이야. 그리고 나도 무척 고심을 했어. 그러나 같은 여자로서 입 다물고 있을 수가 없어서 이렇게 찾아온 거야. 모르면 모르지만 아는 처지에 어떻게 가만히 있을 수 있어. 내 입이 가만히 있지 않더라고." 이렇게 수없이 다짐을 하고 돌아간 아낙의 이름을 지금 밝힐 수는 없는 일이 아닌가?

그러나 언젠가는 진실이 밝혀질 날이 반드시 올 것이라고 믿었다. 그래! 당장은 그렇지만 아무리 귀신은 속여도 여자의 육감은 못 속인다고 하지 않던가? '어디 두고 보자. 꼬리가 길면 언제가 한 번은 밝히겠지. 그때 어디 내 손에 걸리기만 해봐라.' 그날은 그렇게 마음을 독하게 먹고 지나갔다.

세월은 유수인가? 몇 달이 그렇게 훌쩍 지났다. 그런데 이번에는 엉뚱한 곳에서 문제가 터졌다. 빨래를 하려고 남편의 호주머니를 뒤지다가 연극표 두 장을 발견하게 된 것이다.

"내 이럴 줄 알았다. 이번에는 빼도 박도 못할 증거를 잡았으니 그래! 너 오늘 죽고 나 죽자."

지난번에는 물증 없이 대들었다가 크게 당했던 일을 생각하니 온몸이 부들부들 떨려왔다. 이것저것 생각할 겨를도 없이 사무실로 전화를 걸었다. 그러나 수화기에서 들려 온 남편의 목소리는 이번에도 예상 밖이었다. 지난번보다 한술 더 떠서 이번에는 아내를 '의처증' 환자로

몰아갔다.

이럴 수가 있는가? 아내를 의처증 환자를 만들다니, 아니 DSM-Ⅳ에서 말하는 편집성 성격장애자로 만들다니, 온몸이 전기에 감전된 듯부들부들 떨려왔다. 아니 사지가 뻣뻣해져왔다. 이제 더 이상 이대로지나칠 수 없다고, 마음을 독하게 먹었다.

"그래! 더 이상은 안-돼."

마치 신들린 사람처럼 입속말을 중얼거리며 회사로 달려갔다. 회사라 해봤자 고작 집에서 몇 분 안에 있는 거리다. '학벌에, 외도에, 연극표에, 이제 와서 의처증 환자로까지 운운하는 것을 보고 가만히 있을 아내가 세상에 어디에 있단 말인가? 과연 있다면 한 번 나와 보아라!' 하고 하늘을 향해 소리치고 싶었다.

아내가 회사에 들이닥치자 남편은 그만 아연실색하고 말았다. 아무리 화가 나도 아내가 회사에까지 찾아올 줄은 꿈엔들 생각했을까? 분을 못 이겨 숨을 헐떡이는 아내를 보자 남편도 제정신이 아니었다. 넋나간 사람처럼 멍하니 바라보고만 있었다.

인간의 뇌 구조는 뜻하지 않는 일이 생기면 부신에서 올라오는 코티졸(cortisol)과 스트레스로 신장에서 분비되는 아드레날린, 노르아드레날린(noradrenalin)이 크게 분비된다. 이런 현상이 한두 번일 때는 괜찮지만 반복되면 편도체(amygdaloid nucleus)는 더 크게 확장될 것이고해마(Hippocampus)의 기능은 현격하게 떨어진다.

사태의 추이를 살필 기력도 없이 이제 기가 팍 질린 남편은 그 어떤변명도 불필요하다는 것을 알아차렸다. 그러자 그는 모든 것을 내려놓은 듯 백기투항을 하고 말았다.

"그래! 우리 이혼합시다."

"뭐라고…요?"

설마 이런 상황에서 이혼이라는 말을 쉽게 꺼낼 줄은 아내도 전혀 예상하지 못한 일이었다.

"당신이 원하는 대로 할 테니 그만 집에서 봅시다."

잘못을 따진다면 남편에게 있으므로 손이 발이 되도록 빌어도 시원찮을 일인데 남편은 '그냥 이혼합시다.'라고 해버린 것이다. 아무리 직장 동료들이 먼발치에서 지켜본다고 해도 이건 나가도 확실히 너무 나간 것 같았다. 하지만 남자들이란 무엇보다 수치심을 느끼면 모든 것을 망각하기가 쉽다. 수치심을 크게 느낀 남편은 그 어떤 변명보다도 확실한 방법을 선택했는지도 모르겠다. 그러나 반대편에 있는 아내의 마음속에는 "대학도 나오지 않은 너 따위가 나를 무시해?" 하면서 마음 한편으로는 손이 발이 되도록 빌기를 바랐는지도 모르겠다.

이미 둘의 사이는 신뢰가 완전히 무너졌다. 그 어떤 변명도 그 어떤 사정도 이미 그들의 마음에서는 떠나고 말았다. 결국 이것은 무엇을 말하겠는가? 마치 "너는 잘 났고 나는 못났다."가 되어 버린 상태에서 이제 이 부부는 그 어떤 자존감도, 입장도 다 내려놓고 "이혼합시다."라고 해버린 것이다.

"그래! 우리 갈라섭시다."

이렇게 해서 얻은 것이 무얼까? 물론 스트레스로 몸과 마음이 피폐해졌지만, 그렇다고 이제 와서 삼류소설에서나 나옴 직한 막장 드라마를 회사 안에서 연출하여 얻은 것이 과연 무엇이란 말인가? 결혼이 어디 소꿉장난인가? 나는 이런 유형의 커플을 만날 때마다 까닭 없이 화가 난다. 아무리 서로가 자존감이 상했다고 하더라도 평생을 걸고 약속한 결혼식이 얼마나 되었다고 이혼을 운운한단 말인가? 속된 말로 검은 머리가 파뿌리가 되도록 살자는 약속이 어디로 갔단 말인가?

"젊은 여성과 함께 극장에 간 것이 그렇게 화낼 일이던가요?"

숨을 몰아쉬면서 앉아있는 그에게 나는 다그치듯이 물었다. 그러나 지금, 이 순간 그들에게는 그 어떤 조력자의 역할도 필요 없을 것이고

마음을 움직이는 최면과 결혼

또 그 어떤 충고를 들을 상황이 아니라는 것도 잘 안다. 그렇지 않겠는가? 두 사람의 상황은 본인들이 더 잘 알고 있을 것이고 그래도 아직 할 일 있다면 지난 일을 잊지는 못하더라도 우선 감정만이라도 해소하려는 몸부림이 아니겠는가? 그러나 흥분은 계속 이어졌다.

"이번 한 번이 아니잖아요. 결혼하기 전에 학벌을 속인 것도 모자라서 신혼살림을 차린 지 얼마 됐다고 대낮에 모텔을 들락거린단 말인가요? 그것이 연극표 두 장으로 물증이 확실하게 있는데…. 그렇다면 모든 것을 인정하고 납작 엎드려서 빌어도 용서가 될까 말까한데 아직도 거짓부렁이나 하는 이런 사람과 하루 이틀도 아니고 어떻게 평생을 살 수 있단 말인가요. 누구나 내 입장이 되어서 보세요. 평생을 마음고생하면서 사느니 차라리 혼자 살아도 된다고 생각했어요."

말을 꺼내니 무슨 말이든 일사천리였다. 그렇게 해서 얻는 것이 무엇인가? 결혼이 누구의 소꿉장난인가? 아무리 이혼이 젊은 층에는 매우 흔한 일이라고 하지만 이것은 정말 아니다. 그런 와중에도 내담자는 분을 다 삭이지 못했는지 옆에 있는 음료수를 벌컥벌컥 들이마셨다.

"네 이해는 갑니다. 하지만 결혼을 할 때는 서로가 죽고 못 살아서 만났을 것 아닙니까? 그게 몇 달이 됐다고 이렇게 마음이 상할 수가 있습니까?"

"저도 그건 그래요. 왜, 몇 달 전만 해도 하늘과 땅만큼이나 좋았던 남편이 이렇게 되었는지 그것 자체를 잘 모르겠어요."

"그만큼 속이 상한다는 말씀이지요."

"네."

"그 말도 맞긴 맞네요."

그는 숨도 쉬지 않고 말을 이어갔다.

"그래서 생각했어요. 나보다 더 좋은 여자 있으면 가라고 할 수밖에 없지 않겠어요. 아니 너 좋다는 여자가 있는데 굳이 내가 잡고 애를 태울 이유가 없잖습니까? 지금으로서는 내가 '쿨' 하게 보내주는 것이 낫다고 생각한 겁니다."

"네, 그것도 그러네요…."

"마음을 정했어요. 남편도 그러잖아요, 이혼하자고. 자기가 먼저 한 말을 이제 와 주워 담지는 않겠지요. 유책 배우자는 분명히 남편이니 그에 대한 보상은 당연히 해줄 것이고…?"

"위자료를 말씀하시는 거죠."

"물론입니다."

"그럼 이제 두 사람이 함께 사는 게 나은가 아니면 그만 두는 것이 나은가를 놓고 담판할 일만 남았겠군요."

"네. 그런 것 같네요."

"그래서 그저께는 법원 앞을 서성거렸나요."

"네."

"그러면 다시 법원을 가실 건가요?"

"……."

마음을 움직이는 최면과 결혼

여섯.
부모가 반대하는 결혼

부족한 것은 소리를 내지만
가득 차면 조용해진다.
어리석은 자는 물이 반쯤 남은 물병과 같고
지혜로운 이는 눈물이 가득 담긴 연못과 같다.
— 수타니파타 불교 경전

아침에 일어나서 해 뜨는 해운대 앞바다를 바라보는데 수평선 저 멀리서 배 한 척이 이쪽으로 오고 있었다. 무슨 배일까? 새벽 고기잡이배일까? 마치 초대받지 못한 손님이 내게 오는 듯하다. 바닷가 주변을 한 바퀴 돌아서 집에 도착하니 한 여성이 기다리고 있었다. 접수 직원에게 물었다.

"언제, 예약했었던 분인가요?"

"아니에요. 오늘 아침 TV 프로그램을 보고 선생님을 뵙고 싶다고 해서 오시라고 했어요."

"그랬었군요."

얼마 전 TV 프로그램에서 중년 부부가 자녀와의 '관계 악화'로 방송에 출연한 적이 있었다. 부부가 각자 자녀를 키우는 방식이 달랐는데 남편은 스파르타식 교육을 선호하는 반면 아내는 그 반대를 선호하여서 비롯되는 갈등으로 인해 아이가 발달장애를 가지게 되었다.

"저를 찾은 것도 자녀 문제였나요?"

"아니에요. 실은 제게 다 자란 딸이 하나 있어요. 그런데 이 애가 엉뚱한 남자를 데려와서 결혼하겠다고 해 속이 상했는데 그날 TV에 선생님이 나오는 것을 보고 뵙고 싶어서 찾아왔습니다."

"네, 그랬습니까? 잘 오셨습니다. 그런데 따님이 결혼을 하겠다는데 반대하는 이유가 있었나요?"

"우선 나이가 15살이나 차이가 나요."

"그럼 나이 외는 다른 문제는 없습니까?"

"아니에요. 다른 것이라도 마음에 들면 제가 왜 이러겠어요."

"그런가요. 그런데 나이 차이가 그렇게 결혼에 중요한가요? 이를테면 자기들끼리 좋으면 그만 아니던가요?"

"글쎄 한두 살 차이면 제가 이러겠어요. 지금은 아무것도 모르겠지만 얼마 지나지 않아서 곧 후회할 겁니다. 생각해보세요. 사람이 살다가 다른 것은 다 고쳐서 살 수가 있지만, 나이 차이는 어쩔 수 없는 일이잖아요."

"그렇다면 결국 어머니는 딸이 선택한 사람을 나이 때문에 못마땅하다는 말씀인가요?"

"전 그 남자가 그냥 싫어요. 나이도 많고요."

남녀가 맞선을 볼 때 한 가지만 보고 결정하는 것은 아니다. 물론 사람에 따라 차이는 있지만 종합적으로 고려하게 된다. 예를 들면 저 사람은 체격이 왜소하지만 돈이 많다든지, 돈은 없지만 인물이 괜찮다든지, 나이가 많지만 미래가 밝다든지, 그런데 아무것도 마음에 드는 것이 없단다.

마음을 움직이는 최면과 결혼

"혹시 이런 말씀을 드려서 어떨지 모르지만 따님이 상대방을 좋아하는 데는 다른 특별한 이유가 있지 않을까요?"

"아니에요. 이유는 뭐가 있겠어요. 그 남자에게 빠져서 그런다니까요."

"말씀은 이해는 갑니다. 그렇지만 자식이 평생을 같이 할 사람을 구했다는데 무조건 나이만 가지고 반대를 한다는 것은 저도 받아들이기 어렵습니다. 그러니 차근차근 말씀을 해보세요."

"예. 저도 그건 알고 있어요."

"요즘 젊은이들은 이해가 밝습니다. 모두 많이 배우고 아는 것이 많아서 함부로 행동하지 않아요. 아마 옛날 같으면 남산에 올라가서 돌을 던지면 박, 김, 이가 맞는다고 했잖아요. 그런데 요즘은 돌을 던지면 열에 아홉은 대학을 졸업한 사람들일 것이고요. 그렇다고 어머니 말씀이 틀렸다는 것은 아니에요. 다만 우리 어른들이 생각하는 것처럼 일방적이지 않다는 말이지요. 결혼을 할 때는 상대가 인물이 있고 거기에 체격이 다부지고 먹고 살 수 있는 능력이 있으면 모든 게 오케이 아니었습니까? 거기에 교양까지 갖추었다면 더할 나위가 없었겠지요. 그렇지만 그런 것을 다 갖춘 사람이 어디 흔해요? 설사 있다고 하더라도 이미 다른 사람이 다 채가고 나에게 돌아오는 일은 없었을 겁니다."

"그건 맞아요. 그렇지만 내가 그런 신랑감을 구해오라고 했나요. 나는 그렇게 내 딸을 가지고 욕심을 내고 그러지는 않아요. 전 그저 비슷한 사람끼리 만나서 자식 놓고 아웅다웅 살라는 겁니다. 그런데 그런 내 소원 하나 들어주지 못하고 이렇게 애를 태우니 화가 나지 않겠어요. 달랑 딸자식 하나 있는 것이."

"어머님! 말씀을 이해하지 못하는 것은 아닙니다. 그런데 결혼은 따님이 하는 것이 아닙니까? 그러니 따님이 원하는 부분과 부모님이 바라는 부분이 다르다고 해서 무조건 반대만 할 것이 아니라 서로에 대한 논점을 같이 의논하자는 것이지요. 가능하다면 어느 한쪽이 욕심을 내려놓든지 그도 아니면 서로가 의견을 같이 해야지요."

"네. 맞아요. 그건 그렇겠지요. 그런데 그게 잘되지 않으니까 제가 이러는 것 아니겠어요."

"모더니즘의 사회에서 일장일단을 추구하던 것과는 다르게, 요즘의 포스터 모더니즘에서는 그 어떤 이유든지 명확한 정답을 얻기가 어렵다는 것이지요. 이쪽에서 아름답다는 것을 경험했다고 해서 저쪽에서 추한 것을 인식할 수는 없는 것처럼 매사가 그렇지 않겠어요. 즐거움이라는 것도 슬픔 없이는 오지 않잖습니까? 또 최악의 불행이라도 해도 최고의 행운이 오지 않으리란 법도 없고요. 이는 빛이 있는 곳에 그림자도 따른다는 것과 같다고 보아야지요. 그렇다면 내가 반대적으로 보인다고 이것을 두고 이쪽이 '옳고' 다른 쪽은 '틀리다'라고 말할 수도 없는 것이지요. 그레고리 베이트슨(Gregory Bateson)은 이런 말을 했어요. '지혜는 서로 다른 것과 마주하고 있으면서 상대편을 바꾸려 하지 않음에서 온다.'라고 말입니다. 비록 서로에게 상반된 점이 있다고 할지라도 호기심 있게 서로를 바라보면 해결책이 나올 수도 있으니까요. 저도 어머님의 입장은 충분히 이해가 갑니다. 하지만 우리는 이제 늙었고 어머니나 나는 젊음을 자식들에게 나누어 주고 갈 사람들이니 한 번 더 믿고 기다려보는 것은 어떤가요?"

"그랬으면 좋겠어요. 그렇지만 인생에 결혼이란 하고 또 하는 것이 아니잖아요. 저도 그게 잘되지 않으니 이렇게 박사님을 찾아온 것이 아니겠어요."

"제 생각은 시간을 가지고 지켜보았으면 합니다. 그러다 보면 따님의 마음이나 입장을 충분히 알 수가 있지 않겠어요. 그때 반대해도 늦지 않겠지요?"

"그러다가 덜컥 결혼이라도 한다면요?"

"그러기야 하겠습니까? 요즘 자녀들은 우리들이 자랄 때처럼 그렇게 허술하지가 않아요. 아마 무슨 결정을 하더라도 후회되지 않는 삶을 선택할 겁니다.”

“아니에요. 제가 아는 사람은 부모가 결혼을 반대하자 아파트를 구해서 살림을 차리고 난 뒤 임신 사실을 부모에게 알렸대요. 그것도 한 집에서 같이 먹고 잠을 자면서 부모를 속였다고 하잖아요.”

“그럴 수가 있을까요. 아무려면 그렇게까지 부모를 경멸했다는 말입니까? 아들도 그렇지만 그 여자 집에서도 그건 말이 안 되지요. 아무튼 그런 일은 있을 수도 생각할 수도 없는 이야기이고…. 아니 댁의 따님도 그를 수 있다는 말씀인가요?”

“아니에요. 제가 말을 하니까 그렇지 우리 자식이 그럴 아이가 아니에요. 아무튼 사실 저도 말씀대로 해야겠다고 하다가도 딸을 보면 ‘욱’ 하는 성질이 올라옵니다. 그래서 지금은 딸의 문제가 아니라 언제부터인가 제 문제가 되었어요. 마음속으로는 몇 번이나 다짐하지만 그게 잘되지가 않는다니까요. 말은 이렇게 하면서도 가끔 자다가도 벌떡 일어나요. 내 딸이 뭐가 빠집니까? 학벌이 빠져요, 인물이 빠져요, 아니 직장이 빠져요? 그런데 왜 저 모양으로 미쳐서 저러는지를 제가 알다가도 모르겠습니다. 내가 저를 어떻게 키웠는데…?”

“그럼 아빠는 뭐라고 하시는가요?”

“몇 년 전에 돌아가셨어요.”

“네. 그랬었군요.”

그의 말은 갈수록 까칠했다. 도저히 마음을 잡을 수가 없단다. 이런 경우 신경전달물질인 히스타민에 장애가 있게 되면서 피부생성과 위와 장, 기관지에서 복합적인 기능에까지 문제가 생길 수 있다.

“그 이외에 다른 어려움은 없습니까?”

“딸에게 한마디 했지요. ‘너! 지금은 그렇게 좋아서 사랑 운운하고 그러지만 언제까지나 그럴 수 있을 것 같니! 원 세상에 사랑이 뭐 밥

먹여 주는 것도 아니고, 지금은 뭐에 씌었는지 모르지만 얼마 안가서 어미가 왜 그렇게 반대를 했는지 알 날이 오겠지.'라고 했어요."

"그랬더니요. 뭐라고 하던가요?"

"'그럼 엄마는 어떤 사람이 좋아?'라고 되묻잖아요. 바보같이."

"그래서요?"

"'난 특별하거나 별난 사람을 원하지는 않아. 평범할수록 좋아! 그래도 군이 네가 묻는다면 이쪽저쪽이 더하지도 않고 덜하지도 않은 그런 사람끼리 만나서 아웅다웅 사는 것이 좋겠지. 그러면 어느 한쪽으로 기울지는 않잖니. 그것이 네가 말하는 나이라고 해도 별수 없어. 물론 내가 모르는 너대로의 기준도 있을 수 있겠지. 그게 너의 기준에서 오는 욕심이라고 해도 난 그것을 받아줄 수 없다는 거야. 거듭 말하지만 난 비슷한 처지로 만나서 아들딸 낳고 잘 사는 꼴을 보고 싶은 거야. 이것이 네가 보기에는 엄마의 욕심으로 보이니? 왜, 자식이 되어가지고 어미의 이 작은 소원 하나를 못 들어주고 이렇게 속을 썩이는 거야.' 그러니까 딸이 뭐라는지 아세요?"

"뭐라고 그랬나요?"

"'그럼 우리 둘이 외국에 나가서 살면 되지, 뭐.' 그러더라고요. 그리고는 이렇게 말하지 않겠어요? '배우인 김민희와 홍상수 감독은 나이 차이가 22살이나 되고, 외국에서는 마이클 더글라스와 캐서린 제타존스가 25살, 제임스 우즈와 크리스틴 바우게스는 46살이나 차이가 나잖아. 그뿐이야? 코트니 스터든은 16살이고 더그 허치슨은 50세이던 당시 34살의 나이 차이가 나도 결혼했잖아!'라고 하잖아요."

"그래서요?"

"미쳐도 단단히 미친 것 같았어요. '그럼 그들이 죽으면 너도 따라 죽을래?'라고 대답했어요…."

"그랬었군요. 그 말씀을 하니까 생각나는 사람이 있어요. 장경동 씨

마음을 움직이는 최면과 결혼

의 『결혼하면 괴롭고 안하면 외롭고』에 이런 글이 있습니다. 우리가 살아가면서 가장 중요한 것이 결혼이라고, 그런데 젊은 사람들이 직업이나 직장만 귀한 줄 알고 결혼은 '잠깐 즐기다 마는 오락' 같이 생각하는 것이 문제라는 것입니다. 그 말에 나도 동의가 되어요. 우리가 살아갈 때 성공한 사람과 실패한 사람의 기준으로서 가장 으뜸으로 꼽는 것이 결혼인 것을 왜, 젊은 사람들은 모르는지…. 어떤 부모라도 자식이 잘못된 결혼을 생각하는 것 같으면 굉장히 애가 탈 수밖에 없을 것입니다."

"맞아요. 저도 똑같은 생각입니다."

"그리고 남인숙 씨의 『나는 무작정 결혼하지 않기로 했다』에서도 이런 말이 있더군요.

나이 든 사람들이 편견을 갖게 되는 것은 인생이라는 도박에서 확률이 높은 쪽에 거는 것이 그나마 안전하다는 것을 경험으로 알기 때문이다. 편견은 새로운 길을 개척하는 데는 방해가 될지 모르지만 삶을 편하게 살 수 있게 해주면서 어떤 결정에 시간을 낭비하지 않게 해준다. 삶이 가치 있으려면 모험과 안정이 균형을 이루어야 하는데 '안정' 쪽을 지탱해주는 것이 편견이다. 편견에 대한 편견을 버리는 것도 삶을 지혜롭게 사는 방법 중 하나이다.

부모님의 편견은 당신이 결혼해서 잘 살 수 있는 가장 확률 높은 길을 보여 줄 때 빛이 난다. 물론 판단이 틀릴 수도 있다. 출신, 지방이나 궁합 등 도무지 납득할 수 없는 이유를 들어 반대할 수도 있다. 그러나 자신의 전 존재를 걸고 당신의 결혼에 관심을 가져줄 사람은 이 세상에 그들뿐이다. 대개 주변 사람들은 '아니다 싶은' 사람을 드러내 놓고 반대하지 못한다. 왜냐하면 자신의 충고에 책임질 자신이 없기 때문이다. 만약 당신의 친구가 당신의 결혼을 뜯어 말린다면 그는 경솔하거나 당신을 살붙이처럼 아끼고 있거나 둘 중 하나다. 부모님은 자신의 의견에 책임지고 경우에 따라 원망의 희생을 감당할 각오까지 하는 사람들이기에 필요하다고 판단이 되면 망설임 없이 반대한다. 그들은 수십 년 동안 쌓은 지식을 총동원해 당신이 선택한 결혼의 미래를 점쳐줄 것이다. 당신이 시대착오적이라며 우습게 여기기 쉬운 그 지식들은 생각만큼 가치 없는 것이 아니다.

결혼 자체에 대한 가치관은 세대를 거치면서 변할 수 있지만, 사람에 혹은 결혼에 충실할 수 있는 사람의 성향만큼은 변하지 않는다. 물론 결혼해서 살아가야 할 사람은 당신이기 때문에 최종 결정은 결단코 반드시, 기필코 당신이 내려야 한다. 그렇지만 부모님이 당신의 결정을 반대한다면 그들을 설득하려고만 들지 말고 적어도 열 번은 다시 생각해보라. 그것도 충분히 시간을 두고 말이다.”

“참 공감이 가는 말씀이네요.”

마음을 움직이는 최면과 결혼

제2장

결혼에 답하다

일곱.
아낌없이 주는 사랑

어떤 사람은 자기는 늘 불행하다고 자탄한다.
그러나 이것은 자신이 행복함을 깨닫지 못하기 때문이다.
— 도스토예프스키(Dostoevskii, 1821~1881)

창가 너머로 해운대 앞바다와 하얀 모래밭을 보고 있으면 어촌마을
어디쯤에 온 듯 착각이 든다. 바람에 묻어오는 묵은 미역과 다시마의
짠 내를 맡으면서 둘레 길을 한 바퀴 돌아 나와 집에 도착하니 내담자
가 기다리고 있었다.

상담을 요청한 사람은 남편이 뇌출혈(cerebral hemorrhage)로 쓰러져
서 몇 년째 병석에 있단다. 젊은 나이에 아팠으니 곧 일어날 줄 알았
는데 오랫동안 차도가 없자 가족들은 이중 구속에 갇히고 말았다. 낫
지 않으려면 차라리 죽기라도 했으면 하는 마음이었다.

"전생에 무슨 죄를 지었기에 이렇게 살아야 하나요?"

그는 항의라도 하듯이 말했다.

"남편의 건강 때문에 마음고생이 심하십니다, 그려."

"정말 지쳤어요. 이제 벌었던 돈이 다 떨어졌는데 남편을 돌볼 사람

도 없으니 밖에 나가서 일을 할 수도 없는 처지라 가만히 앉아서 죽게 생겼어요. 지금까지는 그런대로 아이들이 잘 버텨주었지만, 언제까지 이런 생활이 반복될 것인지 막연하고 이제 불안해요. 곧 사춘기도 올 나이인데…?"

얼마나 힘이 들었으면 숨도 안 쉬고 저렇게 말할까? 이래서 사람들은 '장기입원에 효자가 없다'고 말하는 건가?

"부모 복을 타고 나지 못했으면 남편 복이라도 타고 날 줄 알았는데 이게 뭡니까…?"

"부모 복이라면?"

"어릴 때 어머니를 일찍 여의고 외할머니 손에서 자랐어요. 이제 결혼해서 잘 살 줄만 알았는데, 전 복이 지지리도 없나 봐요. 내 사주팔자가 잘못되어도 한참 잘못된 것 맞지요, 선생님?"

사주라는 말은 옛날 인도에서 건너왔고 팔자라는 말은 중국에서 왔다. 그런데 요즘 우리나라 노동자들이 중동 지역에 많이 진출하면서 하늘 탓을 많이 한다. 그의 이야기를 듣다가 불현듯 몇 해 전 어느 모임에서 만났던 한 여성과의 대화가 떠올랐다. 옆자리에 앉아있던 그가 나에게 말을 걸어왔다.

"선생님은 이 세상에 신이 있다고 믿으세요, 없다고 믿으세요?"

낯선 사람이 갑자기 묻는 말이라 조금은 황당했지만 장난 끼가 있는 것 같아서 그냥 말을 받아주었다.

"그렇게 말하는 분은 어떻게 생각하십니까?"

그러나 그도 지지 않았다.

"제가 먼저 물었잖아요."

어이가 없었다. 하지만 양보하기로 하고 대답했다.

"그래요. 전 신(神)에 대해 아직 깊이 생각해본 적이 없어서 잘 모르지만 이 세상에는 두 종류의 사람이 살고 있다고 생각해요. 신이 있다

마음을 움직이는 최면과 결혼

고 생각하는 사람과 다른 하나는 신이 없다고 생각하는 사람들이겠지요. 종교를 가지고 있는 이들은 물론 신이 있다고 생각할 테지만 나처럼 종교가 없는 사람이나 또 신을 믿지 않는 사람은 어떻게 생각할까요? 그러나 전 신을 믿고 안 믿고는 그리 중요하다고 생각하지 않습니다. 그저 그것이 신인지는 잘 모르지만, 분명히 이 넓고 넓은 우주를 경영하는 그 무엇이 있을 것이라고 생각하면서 살거든요. 그렇지 않겠어요? 우리가 몇 사람만 모여도 서로를 통제하는 질서나 차례가 필요한데 이 웅대한 우주를 다스리는 큰 힘이 없다면 과연 어떻게 될까요? 그것을 두고 사람들이 신이라 말한다고 해도 내가 믿지 않을 이유가 없는 것이잖아요.”

　도중에 수업이 시작되어 대화는 거기서 멈추어졌지만, 나는 불현듯 잊고 살았던 『차라투스타는 이렇게 말했다』라는 책의 내용이 떠올랐다. 그 책은 출판되었던 당시의 많은 사람들이 「어떻게 살 것인가」라는 명제를 붙였던 책이다. 나 역시 그 책을 읽고 신과 인간의 존재에 대한 의문을 다소 해소한 책이다. 여기까지 생각하다 내담자와의 이야기가 이어졌다.

　“친지들은 자주 문병을 오나요?”

　“처음에는 그랬지요. 그렇지만 지금은 오는 사람이 거의 없어요….”

　“그랬군요….”

　“저는 그런 것에는 조금도 관심이 없어요. 그렇잖아요. 남편이 쓰러진 지 벌써 7년이 지났는데 어느 누가 이런 병실을 찾아오겠어요. 이 바쁜 세상에.”

　“그래도…. 가까운 친척들은 오겠지요.”

　“별로 없어요. 부모나 가족들이 있지만 그들도 자기 살기가 바쁘니 여기에 신경을 쓸 처지가 못 되지요.”

　“그러시겠지요. 모든 일가친척도 많이 지쳤겠지요. 부인도 이렇게 탈진한 상태에 있으니 옆에서 지켜보는 사람들이라고 해서 온전하겠어요. 모두 비슷할 것입니다. 그렇지만 부인이라도…. 힘을 내세요. 그런 말 있잖아요. 우리가 마시는 물도 섭씨 100℃가 되어야 끓지 않습니까? 10, 20, 30℃…. 99℃까지는 아무리 열을 가해도 물에 아무런 변화가 없습니다. 그러나 보이지는 않겠지만 사실 물의 내부에서는 온도의 상승에 따라서 질적인 변화가 조금씩 일어나고 있습니다. 그러다가 기다린 보람이 있어 마침내 물의 온도가 100℃에 이르면 그 순간 액체가 기체로 변하면서 폭발적인 에너지가 우리 눈앞에 나타나지 않습니까? 그런 의미에서 본다면 지금도 병상에서 아무런 표식 없이 홀로 누워있는 남편이겠지만, 내부적으로는 건강을 되찾기 위해서 얼마나 많은 힘을 쏟고 있겠습니까?"

"그게 언제일지 모르니 옆에서 지켜보는 사람들은 더 죽을 지경이지요."

"그런 것으로 따지고 보면 우리가 살아가는 세상에서 그 어떤 일도 기다림이 아닌 것이 없겠지요. 그것이 사람과 사람 사이의 문제이든 아니면 다른 그 어떤 문제든 마찬가집니다. 그렇지 않겠어요? 방금 말씀 나눈 물의 온도를 놓고 말하더라도 그 하고자 하는 일에 단 1℃라도 모자란다면 그래서 그 온도, 즉 99℃에 멈추게 되면 그건 아무런 의미가 없지 않겠습니까? 단 1℃의 차이가 엄청난 결과를 만들어내는 것을 우리의 눈과 귀가 구별할 수 있으니까요."

"그 말씀의 뜻은 알지만 이제 너무 지쳤어요…."

"저도 말은 이렇게 하지만 이 상황이 너무나 가혹한 형벌처럼 느껴질 것임을 압니다. 그 누가 그 고통을 모르겠습니까?"

"남이 알아주기 위해서 남편을 간호하는 것은 아니겠지요. 물론 제 의무이기도 하고요. 선생님께서 말씀하지 않더라도 주위에서는 제 자식과 가족들이 눈 동그랗게 뜨고 지켜보고 있지 않겠습니까? 어쩌면 저는 지금 병상에 있는 남편보다 주위의 수많은 시선이 더 무섭다고 생각할 수도 있어요. 그것이 어쩌면 우리 아이들이라고 해도 어쩔 수 없는 일이고요."

"그렇습니다. 이해합니다. 그러나 혹시 아우슈비츠 수용소에 대해서 들은 말이 있나요?"

"그건 뭔가요?"

"네, '의미치료'에 대해 말하는 겁니다. 당시 수백만 명이 죽어나간 유대인 대학살, 즉 포로수용소에서 실제로 수용당해 있던 빅터 프랭클 (Viktor Emile Fankl)의 이야기입니다. 그는 정신과 의사였는데, 수용소에 입소하기 전 피난시켜 놓은 누이동생 하나를 제외하고는 아내와 부모형제들이 수용소에서 죽었지요. 지옥 같은 나치 포로수용소였어요. 그러나 그는 끝까지 기다리고 참아서 생존하였으며 그로 인하여 후세에 경험을 바탕으로 한 삶의 의미를 깨우쳐주는 로고테라피를 내어 놓았습니다. 그리고 돈, 명예, 권력 등은 앗아갈 수 있지만 단 한 가지만큼은 지구상의 그 어떤 힘으로도 빼앗을 수 없다고 말했습니다. '어떤 상황에 놓일지라도 어떠한 마음가짐을 할 것인가에 대한 최후의 자유만큼은 빼앗을 수 없다'라는 것이었지요."

"저도 어디서 많이 들은 것 같습니다."

"그렇습니다. 옛날 말에 호랑이에 물려가도 정신을 차리면 살 수 있다고 하지 않았습니까? 부인에게 빅터 프랭클이 되라고 말할 수는 없지만, 절박한 상황이더라도 집중하지 않으면 두려움을 이기지 못할 수도 있음을 말씀드리고 싶었습니다."

"……."

: **심**리적 장애가 발생하는 데는 반드시 원인과 결과가 따른다. 합리적 정서 행동치료에서는 사건 그 자체가 아니라 사건에 대한 경직된 신념 때문에 심리장애가 발생한다고 본다. 이는 그리스 로마 철학자인 에픽테토스(Epictetus)의 유명한 명제, 즉 '인간의 고통은 사건 그 자체 때문이 아니라 사건에 대한 해석 때문에 발생한다'라는 말을 통해서도 알 수 있다. 남편에 대한 이야기는 계속되었다.

"남들은 그냥 지나가는 말이라고 그 어떤 말도 다 할 수도 있겠지요. 그러나 이 병상을 지키고 있는 환자 본인도 그렇지만 가족들은 어떠하겠습니까? 그 처절한 아픔과 고통을 누가 알겠어요. 물론 알아주기를 바라는 마음도 없지만요."

"지금의 처지에 충분히 이해가 갑니다. 그리고 얼마나 힘들지도 짐작됩니다. 하지만 우리가 한 말들이 곧 씨가 될 수도 있다는 것을 알아야 합니다. 뇌에 있는 시냅스는 매 순간 우리의 정서에 따라 신체적 영향을 미칩니다. 그래서 그날 기분에 따라서 좋은 기운이 생기기도 하고 사라지게도 되지요. 이는 우리가 좋아하는 음식을 생각하면 입에 침이 고이고 불안을 떠올리면 가슴이 두근거리는 것과 같은 이치예요."

"좋은 생각을 하면 좋은 일이 일어나고 나쁜 일을 생각하면 나쁜 일이 일어날 수 있다는 의미인가요?"

"그렇습니다. 우리가 레몬을 떠올리면 신맛이 떠올라서 몸과 마음에 영향을 미치지 않습니까?"

"맞아요. 레몬을 생각하면 그 모양, 색깔, 크기가 떠올라요. 아니 맛과 향기까지 느껴져요."

"네. 그렇습니다. 그래서 우리가 살아가는 매 순간 희망을 떠올리면 삶에 여유가 생기지만 절망을 떠올리면 사고가 무너집니다. 그것은 누구의 탓입니까? 비록 지금은 홀로 병상에 누워있지만, 내일이라도 남편이 자리에서 벌떡 일어날 것이라고 예감한다면 누가 좋습니까…?"

"그건 가족 모두이겠지요."

"그렇습니다. 그렇지만 그런 기적이 쉽게 일어나겠습니까? 옆에 있는 사람들이 더욱 조심하면서 지켜야 할 것은 병상에 누워 있는 환자에게 위안을 주는 말을 지속하고 희망을 떠올리도록 해야 합니다. 특히 누워있을 때 환자의 청각은 더 예민하다고 합니다."

"네. 무슨 말씀인지 조금은 알 것 같습니다. 관념의 힘은 주술적인 큰 효과를 만들어 낸다는 말을 들었습니다."

"그렇지요. 우리의 마음은 기(氣)를 만들고, 에너지를 만들고, 그래서 변화를 이끌어낸다고 하지요."

: 마음의 힘, 즉 관념의 힘만으로 사람을 죽게 한 예는 의외로 많다. 비슷한 예로 눈을 가린 후 동맥을 절개한다고 거짓말을 한 후 칼등으로 손목을 그었더니 5시간 만에 죽어 버린 사람이 있다. 또 사형수를 처형할 때, 망나니가 한참 동안 칼춤을 춘 후 칼등으로 목을 적당히 내려쳤더니 피는 한 방울도 안 났는데 그 사람은 죽고 말았다. 이와 반대의 상황으로 폐암 말기 환자에게 어느 의사가 전혀 가망이 없다고 할 수가 없어서 북극 지방의 이끼를 캐서 먹으면 낫는다고 말했다. 그랬더니 6개월 뒤에 그가 건강한 모습으로 돌아 왔다. 이야기를 들어보니 의사가 시키는 대로 북극지방에서 이끼를 먹었단다.

김영국은 『레드선 자기최면』에서 우리의 뇌에 있는 시냅스가 새로운 세포를 만들어 내게 된 강력한 힘을 관념이라고 말했다. 초기 경험으로 의식과 무의식이 작동하고 이 흔적으로 에너지가 가동되면서 잠재의식이 생긴다. 즉, 기억을 전제로 의식과 무의식이 통합을 이루면 정서, 생리, 신체적 경험으로 초기 경험과 재경험을 이끌면서 무의식의 프로그래밍을 형성하게 된다.

이런 현상은 플라시보 효과(placebo effect)와 노시보 효과(Nocebo Effect)에서도 볼 수 있다. 플라시보 효과는 실제로는 효과가 없으나 효과가 있다고 믿는 믿음으로 우리에게 긍정적인 효과를 가져오는 것이고, 노시보 효과는 부정적인 믿음으로 인해 실제로 그런 결과가 나타나는 현상을 말한다. 무엇이든 긍정적으로 믿고 받아들이면 뇌에서는 긍정적인 효과를 만들게 되고 노시보 효과처럼 모든 것을 부정적으로 인식하면 인체의 각종 호르몬의 반응도 부정적인 상태를 만들게 된다.

이처럼 두뇌가 하는 일을 놓고 보면 그 상황에서 반드시 현실이냐 아니냐가 중요한 것이 아니라 우리가 무엇을 진실로 믿고 인식하느냐가 더 중요하다는 것을 알 수 있다. 그렇다면 내담자는 그 어떤 어려움이 있더라도 남편의 건강에 대한 희망의 끈을 놓지 말아야 한다. 우리의 의술은 세계 최고다. 가족이 선택할 수 있는 유일한 것은 현실을 긍정적으로 받아들이는 힘이다. 심리분석에서 경험이 똥보다 더 지저분하고 돌보다 더 비천하다고 한 것은, 그런 힘든 불행과 추한 황폐함의 끝자락에서 위대한 것이 보일 때를 기다리고 있는 우리들의 강력한 힘에 관련한 표현이다.

내담자의 입장에서 본다면 지금은 아내더라도 결혼 이전을 되돌아서 본다면 피 한 방울도 섞이지 않은 남남이다. 그런데 왜 이 즐거운 인생을 병상에 있는 남편을 위해 바쳐야 하느냐고 되물을 수도 있다. 그렇지만 거기에 연연한다면 인간으로서 가장 고귀한 그 사람의 인격을 잃게 된다. 모든 인간도 어떻게 보면 하나의 동물이지만 그 동물 중에서 가장 으뜸인 만물의 영장이니 말이다.

여덟.
줄탁동시(啐啄同時)하라

불행한 사람은 갖지 못한 것을 사모하고
행복한 사람은 갖고 있는 것을 사랑한다.
— 하워드 가드너(Howard Gardner, 1943~)

해운대 앞 바다에도 가을이 깊어가고 있었다. 마지막 잎새처럼 나뭇
가지 끝에 매달린 잎들이 위태위태하다. 이런 날씨만큼이나 안색이 어
두운 한 중년 여성이 찾아왔다. 그는 나를 만나자마자 요즘 무슨 일을
해도 힘이 안 난다고 했다. '만사가 귀찮아요.', '시작도 안했는데 그만
두고 싶어요.', '나는 왜, 끝까지 아무것도 해내지 못할까요.'라는 말을
토로하면서 울먹였다.
"혹시 무기력증이라도 걸린 것은 아닌가요?"
"글쎄요. 그건 잘 모르겠어요."
"그럼 어디 잠깐 여행이라도 다녀오시지요."
"그게 쉽겠어요? 남편이 못 가게 할 겁니다."
"특별히 못 가게 할 이유라도 있나요?"
"이 나이 땐 집을 비우는 것이 그리 쉽지 않잖아요. 식사나 빨래도

그렇고….”

젊어서 일에 쫓겨 살다가 아이도 크고 이제 조금 살만 하니 지금까지 아픈 줄 모르고 살았던 온몸이 쑤시고 아프다. 일을 해도 손에 잡히지 않고, 다람쥐 쳇바퀴처럼 도는 하루가 지겨울 때마다 몸과 마음의 요구(demand)는 늘어만 간다.

스트레스는 대체로 부정적인 정서나 경험을 말한다. 물론 그렇다고 해서 모든 것이 우리 몸에 해만 되는 것은 물론 아니다. 일본의 뇌 외과 의사인 하야시 나리유키(はやし なりゆき)는 신경전달물질과 밀접한 관계를 가진 의식에 대하여 '이구성(二構成)'을 말하였다. 의식은 외부로부터 자극을 받아서 반응하는 외(外)의식과 외부의 자극을 받아서 뇌에서 정보를 처리하는 내(內)의식으로 구분하였는데, 예를 들어 성격이 밝은 사람은 무슨 일을 해도 비교적 마음이 편하고 대인관계에 부담이 적으나 반대로 성격이 어두우면 누구를 만나는 것 자체가 어렵다고 하였다.

정리해보면, 똑같은 일을 해도 성격이 밝은 사람은 뇌 안에 도파민이 분비되지만 성격이 어두운 사람은 아드레날린(adrenaline)과 세로토닌이 뇌신경 전체에 분비되면서 부정적인 정서를 만들게 된다는 것이다. 이때 만들어진 도파민 계통의 사람들은 일반적으로 회복이 빠르고 쉽게 안정을 찾아가게 되는데, 그 이유는 기억을 관장하는 해마회(海馬回)와 희로애락의 중추인 편도핵(扁挑核)과 좌우 뇌의 소통이 원만하기 때문이다.

“요즘 가장 힘든 일이 무엇인가요?”

“글쎄요. 막상 대답하려니 막연하기만 하네요.”

“그래요. 그렇다면 언제 갑갑한 마음이 많이 듭니까?”

“남편 때문이지요. 지금까지 그이의 말이라면 콩이 팥이라고 해도 듣고 따랐는데 요즘은 그게 잘되지 않은 것 같아요.”

　　　　　　　　　　　　마음을 움직이는 최면과 결혼

"왜죠?"

이 질문은 내담자의 내적 표상을 알아보는 질문이다. 우리가 태어날 때는 누구나 백지상태다. 그러다가 성장하는 과정에서 특정한 환경이나 문화에 의해 특정한 행동을 하게 되고 특정한 능력을 배양하면서 특정한 신념과 가치관을 갖게 되며 정체성이 형성된다. 이때 만들어진 정체성은 신념과 가치체계를 자아감이라는 것으로 통합하게 되는데 개인적인 역할 및 기능과도 관련이 있다.

"남편 외에 가족들과는 어떻게 지내세요?"

"그냥 서로가 자기 일에 바쁘지요."

"구체적으로 남편에 대해서 말씀해 보세요."

"굳이 말한다면 남편의 비난이 힘듭니다."

"평소 어떤 비난을 많이 듣나요."

"특정하게 말하기보다는⋯."

"아니, 그럼. 다시 말씀드리지요. 남편이 비난한다는 생각이 들 때마다 어떤 생각이 드나요? 눈을 감고 잠깐 상상해보세요."

눈을 뜨고 생각해도 되지만, 눈을 감은 채로 생각하면 더 잘 집중하는 이유는 우리가 보는 것을 인지하기 때문이다. 누구나 하지 않던 일을 하게 되면 순응보다 저항하기 마련이다. 그래서 그 사람을 보려면 직업과도 연계해서 살펴보는 것이 좋다. 예를 들면 종교를 가진 사람이나 교사들처럼 남에게 고용되어온 사람들은 순응이 어렵지 않지만, 그 반대의 사람들은 저항이 많다. 그러나 트랜스 상태가 되면 달라진다. 평소에 저항력을 가진 사람이라도 의식과 무의식의 통합을 이루면서 인식하지 못하는 무능력 단계에서 인식하는 무능력 단계로 가게 되기 때문이다. 그렇게 인식하는 능력 단계를 거쳐 의식하지 않는 능력 단계로 옮겨간다. 이러한 트랜스 과정을 통해 자신의 무의식을 만날 수 있고 거기서 바라는 내적 표상을 찾을 수 있다.

"네, 어제의 일이었어요. 잠깐 외출하고 오면서 '여보, 나 왔어.'라고 했어요. 그리고 부엌에 들어가는데 남편의 큰 소리가 들렸어요."

"뭐라고 했는데요?"

"식사 때가 되었는데 밥은 안 주고 늦게 돌아다니느냐고 야단을 쳤어요."

"그때 기분이 어땠나요?"

"참을 수 없었어요. 밥은 전기밥솥에 있고 반찬은 냉장고에 있는데 때가 되면 꺼내서 먹으면 되지…. 꼭 옆에서 챙겨 주어야 하나요? 남자들은 그게 문제예요. 자기들은 시도 때도 없이 회식이다 뭐다 해서 집을 비우면서 아내가 어쩌다 한 번 늦으면 무슨 일이 있었는지를 알아볼 생각은 않고 화부터 내요. 이제 더 이상 그렇게 무시당하고 살 수만은 없잖아요. 남들이 다하는 졸혼이라도 한 번 해볼까 봐요."

"졸혼이라면?"

"요즘 중년들이 하는 것 있잖아요. 이혼하지 않고 한집에서 살면서 서로에게 간섭하지 않고 사는 것 말이에요. 그런 이야기도 친구들로부터 귀담아듣게 되네요. 이혼을 하지 않고도 속박받지 않으면서 살 수가 있다고 하잖아요."

"그렇게 하고 싶은가요?"

"못할 것도 없잖아요."

"그것은 일종의 도피가 아닐까요? 상대의 날선 반응은 사실 공격이 아니라 방어라는 말이 있습니다. 1932년 하버드 대학의 심리학자이자 인체생리학자였던 월터 캐넌(Walter Cannon)은 스트레스 이론의 역사에 길이 남을 개념을 제시했습니다. 바로 투쟁이냐 도피냐(Fight or Flight) 반응이지요. 인간을 포함한 모든 동물은 스트레스 상황이 닥치면 극단적으로는 투쟁(공격)의 한 극과 도피(도망 회피)라는 반대 극 중 하나를 선택한다는 이론이지요. 일부에서는 지나치게 이분법적이라는 비난도 있으나 스트레스 반응을 이보다 더 명쾌히 설명해 놓은 이론은 없을 것 같습니다."

"그래요. 가끔 똑같은 일상에 숨이 막혀요…."

"그렇군요. 지금까지 말씀을 들어보니까 아프리카 평원에서 풀을 뜯는 얼룩말의 이야기가 생각납니다. 남편은 마치 초원에 사는 사자라는 생각이 들고요. 만약, 사자가 나타났다면 얼룩말은 어떻게 하겠어요. 아마 깜짝 놀라겠지요. 생사가 걸린 문제가 시작될 테니까요. 사자에게 죽임을 당할지도 모른다는 막연한 불안감과 압박감이 올라오고요. 그러면 얼룩말은 두 가지 중 하나를 선택하게 되겠지요. 하나는 그 자리를 빨리 도망가는 방법이 있을 것이고, 다른 하나로는 목숨을 잃게 된다는 불안 때문에 온몸이 오그라들어서 꼼짝 못 하고 그 자리에 얼어붙을 수도 있겠지요. 이때 얼룩말에게 상황을 도피할 여유가 없다면 남은 것은 오직 투쟁뿐인데 과연 얼룩말이 사자와 싸워서 이길 수 있을까요? 그렇지만 당장 잡혀서 죽을지도 모른다는 생각이 들더라도 죽기 전까지는 있는 힘을 다해 뒷발치기라도 해서 맞설 수밖에 없는 것이 아니겠어요?"

"재밌네요. 남편을 동물로 비유하니까 웃음이 나지만 어제 저녁처럼 나를 강하게 몰아칠 때는 초원에 있는 사자의 모습이라 해도 다를 게 없었어요."

"그럼, 남편이 사자처럼 보일 때가 하루에 몇 번이나 되나요? 아니 그 이상의 스트레스에 시달릴 때가 얼마나 되나요?"

"날마다 그렇지는 않지만 특히 요즘은 더 심해진 것 같아요."

"그랬었군요."

"……."

살면서 극한 상황에 처했을 때 가슴에 막연한 불안이 밀려오면 누구나 그 상황에서 싸울 것인가, 도망갈 것인가? 하는 기로에 설 수도 있을 것이다. 뇌 과학자들은 특히 NLP 및 최면치료에서 내담자의 반응을 살필 때 "사자의 가슴이 되어라." 또는 "호랑이 심장이 되어라." 라는 말을 한다.

김문수 외 공역, 『생물심리학』에서도 캐논-바드 이론(Cannon-Bard theory)(主: 자율신경계의 각성과 정서 사이에는, 특정 정서를 느끼고 이어서 심박률 등의 변화가 일어난다고 생각한다. 그러나 1884년 최초로 제기된 제임스 랑게설에 따르면 자율적 각성과 골격 운동이 먼저 일어난다. 즉 나는 내가 도망치기 때문에 두렵고, 내가 공격하기 때문에 화가 나는 것이다.)을 통하여 정서의 경험과 생리적 표현을 놓고 독립적으로 발생할 수 있다고 말했다. 즉 인간이 곰을 만나면 생리적 반응이 오기 전에 도망치게 된다. 생리적 반응 자체는 신체가 알아차릴 수 없지만 분노가 생기면 심박수가 증가하거나 혈압이 오르고 땀이 분비되는데 이는 투쟁 반응(fight response)과 도피 반응(flight response)을 이룬다.

"남편이 대개 어떤 폭언을 많이 하나요?"

"그건 일정하지 않아요."

"그때마다 또 그 상황마다 다르다는 말씀이지요?"

"네. 그런 편이지요."

내담자의 행동이나 표정을 살펴보면 남편에 대한 부정적 정서가 어느 정도인지 짐작이 간다.

"지금 말씀은 남편이 아주 싫다는 말씀은 아닌 것 같은데요?"

"……."

이어서 나는 도망가거나 피하지 않고 맞설 수도 있도록 '두 분이 당분간 떨어져서 살아보는 것이 어떠냐'고 말을 건넸다. 그러자 그는 내 말이 끝나기가 무섭게 화들짝 화부터 낸다.

"아니! 빨래나 밥은 누가 합니까?"

방금 전까지 졸혼이라도 해야겠다고 한 말은 그냥 해본 말이었던가?

　　　　　마음을 움직이는 최면과 결혼

"그럼…?"

"아니, 그래도 지금까지 살아온 세월이 얼만데요?"

"당장 헤어지거나 이혼을 하라는 것이 아니라 불편할 때는 조금 떨어져서 서로를 돌아보는 것이 어떨까 해서 드린 말씀입니다. 그런데 갑자기 화부터 내시는 것은 아직은 견딜만하다는 말인가요?"

"꼭 그런 것만은 아니지만…."

"제가 보기엔, 아직 남편을 사랑하는군요."

"……?"

짬이 없어 여행도 못 간다. 이혼이나 별거에 관한 의중을 물었더니 화부터 낸다. 그렇다면 아직은 견딜만하다는 말인가? 그도 아니면 아무도 자기에게 관심을 가져주는 일이 없는 현실이 힘들다는 말인가? 이런 상담을 하다 보면 가끔 생각할 수 없는 일들이 갑자기 일어난다. 특히 가족 치료를 할 때가 그렇다. 무심코 내담자가 하는 말을 따라하다가 역정을 내는 사람이 더러 있다. 본인이 가족을 비판하는 것은 괜찮지만 남이 하면 싫은 모양이다. 그래서 가능하면 나무를 보는 것보다 숲을 보게 된다.

"그래요. 이때까지 잘 살아왔으니 다행이지요. 그럼, 앞으로 살고 싶은 생각이 많은가요, 아니면 죽고 싶은 생각이 많아요?"

"물론 그래도 살아야지요."

지금까지 무기력하다고 하더니 대화가 길어질수록 자기 목소리를 찾아가는데 여유가 있어 보인다.

"그건 천만다행이네요."

대화 중에 자주 죽고 싶다고 말해서 죽음에 대하여 어떤 의미를 두는지 한 번 해본 말인데 그 말에도 발끈한다. 이것은 퍽 다행스러운 일이다. 여행을 가고 싶은 욕심이나 자신을 짓누르는 스트레스보다 죽는 것이 어렵다는 것은 좋은 반응이다. 우리나라 통계에 의하면 중년 나이의 자살률은 세계에서 가장 높다. 무슨 큰일로 목숨을 끊는다기보다는 일시적인 우울 때문인 경우가 많다고 한다.

"그러면 그냥 눈 딱 감고 사세요."

"아이고, 이것은 상담을 하는 게 아니라….."

그의 말이 맞다. 그러나 어쩌겠는가? 내가 해줄 수 있는 말이 이것뿐이니. 정작 상담을 하고 있는 나도 당신보다 화려하지도 더 고급스럽지도 않다. 오히려 더 무미건조한 하루를 살고 있는지도 모른다. 그래서 나는 그에게 '줄탁동시(啐啄同時)'하라고 말했다.

이 말은 무슨 일이든 때가 있다는 뜻으로 쓰이는 말이다. 어미 닭이 알을 품으면 병아리가 안에서 세상으로 나올 준비가 되었을 때 표면을 부리로 '탁탁' 두드리게 된다. 어미도 그 소리를 들으면 밖에서 같이 두드리게 된다. 이렇게 둘의 마음이 합해졌을 때 병아리는 세상에 나온다. 그런데 두드리는 시기가 서로 맞지 않거나 틀리면 병아리는 결국 알에서 깨어나지 못한다.

마음을 움직이는 최면과 결혼

아홉.
두 번째 결혼은 하지 마라

겨울이 깊어지면서 차가운 날씨가 연일 계속되고 있었다. 외투 깃을 세우고 오랜만에 사이코드라마(psychodrama)장을 찾아 나섰다. 해운대에서 그곳까지 가려면 지하철로 두 번을 갈아타야 한다. 동대신동 역 5번 출구에 내려서 골목 안을 휘 돌아서니 '비움'이라는 간판이 눈에 띄었다. 몇 번 다녀왔던 곳이라 낯익은 얼굴이 눈에 띄어서 눈인사를 주고받았다.

대문 안으로 들어서자 '오늘의 주인공'을 뽑는 시간이었다. 주인공을 자처하고 나온 한 여성의 자태는 창백하리만큼 하얀 피부를 가지고 있었다. 저런 미인이 무슨 일로 여길 왔을까? 곧이어 우레와 같은 박수 소리와 함께 사이코드라마가 시작되었다.

"남편을 먼저 저세상에 보내고 지금 우울증을 앓고 있어요."

희미한 조명 빛 아래에서 그녀의 이야기가 시작된 시점은 직장 동료인 남편을 만난 것부터였다. 그와는 같은 부서에 일하는 사이였다. 그날은 공휴일의 오후였는데, 한 통의 전화가 그녀에게 걸려왔다. 남편이 집 근처를 지나가다가 차 한잔하고 가도 되겠냐고 물었다.

"아니 저, 청소를 하고 있어서…."

그녀가 말끝을 흐리자,

"잠깐만 들르지, 뭐…. 안 될까?"

"네. 그러면 오셔서 차 한잔하고 가세요."

이렇게 두 사람은 네댓 평밖에 안 되는 자취방에 앉았다. 직장에서 흉허물없이 지내는 사이였지만 막상 아무도 없는 방에 단둘만 있으니 무언가 어색하였다. 그도 그럴 것이 한 사람은 처녀였고 한 사람은 유부남이다. 이렇게 차 한 잔을 마실 시간이 지났을까, 갑자기 마른하늘에 천둥이 치며 빗방울이 떨어지더니 소나기가 되어 쏟아졌다. 일기예보에도 없는 비라서 곧 그칠 줄 알았는데 한여름의 장마는 그리 쉽게 그치지 않았다.

두 사람은 떨어지는 빗소리를 들으면서 이윽고 묘한 분위기에 빠지고 말았다. 그해 여름은 이렇게 후딱 지나갔다. 용광로처럼 뜨거웠던 폭염도 팽이처럼 돌아가고 남편은 전 부인과 이혼을 서두르고 있었다. 가족들의 반대가 심했지만 두 사람의 눈에는 이미 콩깍지가 쓰여 있었다. 직장 동료까지 이혼만은 안 된다고 말렸지만, 그들이 탄 차는 브레이크 없는 자동차가 되어 있었다.

생각해보아라! 한쪽 자동차가 시속 100㎞의 속도를 달리고 또 한쪽에서도 시속 150㎞로 달렸을 때 엔진의 성능이 같다면 과연 멈춰 설 수 있는 힘의 차이는 얼마나 될까? 아마 그 차의 브레이크 성능에 달렸을 것이다. 최고 시속 100㎞인 차가 멈출 수 있는 제어 능력이 100㎞인데 시속 150㎞로 달렸다면 차의 운명은 어떻게 될까?

마음을 움직이는 최면과 결혼

마침내 드라마는 중반을 넘어서 끝을 향해 치닫고 있었다. 전 부인과 이혼하고 동거를 시작했으면 누가 봐도 부러워할 정도로 잘 살아야 하는데 그들은 주위에서 알아차릴 정도로 자주 다투고 삐걱거리는 소리를 내고 있었다. 소심하던 남편은 주변을 의식해서인지 아내와 상의도 없이 직장에 사표를 내고 말았다.

그러고는 다른 직장을 알아본다고 거리를 쏘다녔지만 그리 쉽게 직장이 구해질 리 있겠는가? 이력서를 들고 갈만한 곳을 다 찾아다녀도 반기는 곳이 한 곳도 없었다. 모든 일이 뜻대로 되지 않자 남편이 끊었던 술을 다시 마시면서 집에 들어오지 않는 날은 하루 이틀 늘어만 갔다. 사랑만 있으면 모든 것이 해결될 것 같았던 젊은 청춘에게는 가혹한 형벌이 시작되었다.

아내가 생활고에 시달리자 자연스럽게 싸우는 소리가 옆집까지 들렸다. 남자들은 정력이 떨어지면 세상을 다 살았다고 말하고 여자는 돈이 없으면 세상이 끝난 줄 안다고 한다. 이런 부부 중에서 특히 남편을 두고 두 가지를 상상하게 된다.

여자와 잠자리를 하고 나면 더 아끼고 사랑하는 사람이 있는가 하면 반대로 '넌 이제 내 여자'라고 생각하면서 주머니에 넣어놓은 공깃돌처럼 가볍게 취급하는 사람도 더러 있다. 이 남편은 과연 어떤 분류일까? 전자일까, 후자일까?

이럴 때 우리는 프로이트의 '쾌락 적응'이라는 말을 떠올리게 된다. 이유야 어떻든 결혼 석 달도 안 되어서 '두 번째 결혼은 하지 마라.'는 말이 주위에서 나오게 되었다. 부인은 더 이상 남의 손가락질을 견디지 못하여 가방 하나를 들고 집을 나가고 말았다.

무남독녀 외딸로 자라 세상 물정에 어두웠던 탓인가? 순간의 쾌락은 성기로부터 오는 것이 아니라 뇌에서 온다고 하지 않던가? 이럴 때도 두 가지 중에서 한 가지를 생각하게 된다. 하나로 원하지 않는 결혼을 했으니 상대에게 미안하게 생각하고 더 잘해 주는 사람이 있는가 하면, 다른 또 하나는 이 사람과 만나지 않았다면 이런 현실에 놓이지 않았을 것이라고 생각하는 경우이다.

이들 부부는 과연 어느 쪽이었을까? 두 사람 인식의 차에 달렸을 것이다. 그러나 한 가지 분명한 것은 서로에 대한 자책이 깊어질수록 두 사람의 사이는 점점 벌어지거나 악화될 것이고 이런 형태의 끝은 불을 보듯 뻔하다.

평소 소심하고 우유부단한 남편은 이제 될 대로 되라는 듯 아무렇게나 살아갔다. 이런 전후 사정을 잘 아는 사람들은 둘만 모이면 그들의 이야기를 하였다. 그들은 사람들이 모인 곳이나 아는 사람이 보이면 누가 뭐라고 할 것도 없이 손가락질을 당한다는 착각에 빠지게 되고 더 나아가서는 '인생 실패자'라는 자괴감에 빠지게 되었다.

여자의 경우 남자를 잘못 만나서 이렇게 됐다는 책임 전가를 할 수도 있겠지만, 사실 오십 보 백 보 차이다. 자신의 이익을 위해 남에게 손해를 끼치는 것도 나쁘지만 남의 이익을 위해서 나 자신에게 손해를 끼치는 것도 같은 맥락이다.

자기 이익을 버리고 남을 이롭게 하는 것을 두고 우리는 선이라 말하지는 않는다. 이런 결혼은 그 어느 순간에 이르면 반드시 저항이 따르기 마련이다.

그들의 행동은 시간이 갈수록 주위로부터 비난을 받기에 충분했다. 마치 화살을 온몸에 받기 위하여 태어난 사람처럼 거리를 쏘다니면서 살았다. 어쩌다 생각 못한 일로 우리가 제1의 화살을 맞게 되었으면 제2의 화살은 맞지 않아야 하는데, 그것조차 해내지 못하고 있었다.

그러던 어느 날이었다. 남편은 술에 취한 채 휘청거리는 다리를 끌고 전 부인이 있는 곳으로 찾아갔다. 그로서는 마지막 선택이었을까, 아니면 마땅히 갈 곳이 없어서였을까? 그렇지만 가슴에 잔뜩 한을 품

마음을 움직이는 최면과 결혼

고 살아가는 전 부인이 그를 온전히 받아 줄 리 있겠는가. 여자가 한을 품으면 오뉴월에 서리가 내린다고 하지 않던가?

남편은 갈수록 주위로부터 인간이 받을 수 없는 모욕까지 받게 되자 자연스럽게 세상에 대한 무거운 짐을 내려놓기 시작하였다. 그러던 즈음 두 번째 부인에게로 뜻밖의 전화가 한 통 걸려 왔다.

"응, 나야! 잘 지내?"

"응…. 당신은?"

"그럭저럭."

서로에 관한 대화는 별 소득 없이 끝났다. 서로가 마음속으로 "당신 때문에 난, 인생 망쳤어."라는 원망이 들어서였을까? 오랜만에 남편에게 걸었던 전화 한 통이 그녀로 하여금 어떤 생각을 하게 했을까? 그날의 전화가 끝이었다. 인편으로 듣기에 남편은 '급성 간암'으로 사경을 헤매고 있었다. 시한부 삶을 살고 있었던 셈이다. 그렇지만 이제 와서 누구를 원망하거나 다른 감정이 남아있을 리가 있겠는가? 그냥 지구가 한 바퀴 머리 위에서 곤두박질치는 것만 같았다. 마지막 전화에서 아내의 목소리를 들은 그는 어떤 생각을 하고 이 세상을 떠나려고 했을까? 겨울비 같은 스산함이 머릿속을 하얗게 만들지는 않았을까? 남자는 자존심이 무너지면 모든 것이 사라진다던데 이 남자도 그랬을까?

그날의 역할심리극은 여기서 끝이 났다. 그리고 몇 달이 지났을 즈음의 어느 봄날이었다. 복사꽃이 한참 해운대 앞 바닷가에 만발할 무렵, 시간이 있어서 읽다 만 책갈피를 뒤적거리고 있었는데 사이코드라마에서 만났던 여주인공이 불현듯 찾아왔다. 몇 달 전의 일이라 얼굴을 잊을 만도 한데 당시의 모습이 너무나 강렬해서 금방 알아차렸다. 그가 웃으면서 내 쪽으로 걸어오자 나도 웃으며 그를 맞이하였다.

"아니, 어쩐 일로 여기까지…."

미소 띤 얼굴로 다가가면서 먼저 말을 걸었다.

"그간 어떻게 지냈어요?"

"네. 그냥 그럭저럭 지냈지요."

"몸은 괜찮은가요? 지난번 때보다 훨씬 좋아진 것 같긴 한데…."

"네, 살이 조금 쪘어요."

"그러고 보니 그런 것도 같은데, 워낙 미인이라 잘 모르겠는데요."

"어머. 선생님도 농담을 잘하셔!"

"그때는 우울증도 우울증이지만 공황장애로 마음고생을 많이 한다고 했던 것 같은데?"

"네 그랬지요…. 이제는 좀 좋아졌어요."

"다행입니다. 요즘도 남편의 꿈을 자주 꾸나요?"

"그래요. 아직은 뭐 그렇죠."

"아, 네."

문득 아이 생각이 났다. 굳이 그 이유를 말하자면 이혼한 가정에서 자란 아이는 일반 가정의 아이보다 이혼할 확률이 높을 수 있다. 이혼한 환경에서 자란 사람은 자신의 아이에게 불우한 환경을 주지 않기 위하여 이러한 결심을 할 것이다. "나는 이혼은 절대 안 할 거야.", "내 아이에게는 내가 겪은 아픔이나 고통은 주지 않을 거야." 하지만 그것은 말뿐이고 이미 이혼할 수 있다는 것을 체득하거나 배운 아이는 이혼을 쉽게 결정할 수밖에 없다.

다시 말해 부모가 이혼하지 않은 가정에서 자라면 결코 이혼 하지 않을 것이라는 결심, 그 자체를 하지 않는다. 살다가 마음에 안 들면 '이혼해야지' 하는 생각을 하다가도 부모의 이혼을 경험한 일이 없기에 쉽게 따르지는 않는다. 이것은 술주정하는 사람의 자녀도 마찬가지다. '나는 절대로 술을 안 마실 거야'라고 하지만 언제부터인가 술주정뱅이가 되기 쉽다. 자기도 모르게 닮아가는 것, 자연스럽게 물려받는

마음을 움직이는 최면과 결혼

것은 어쩔 수 없는 경우가 많다.

"아이가 잘 자라주니 퍽 다행입니다."

"그래요. 제가 이제 할 일은 아이를 잘 키우는 일이겠지요."

"조금 전, 막 오시기 전에 읽던 책을 뒤적거리고 있었는데 이런 내용이 있었습니다. 바쁘시지 않다면 한 번 들어보시겠습니까?"

"네. 시간이 있으니 천천히 말씀하세요. 어떤 이야기인데요…?"

"태평양 지역의 어느 부족이 원숭이를 잡는 방법이 있습니다. 통나무에 주먹이 하나 겨우 들어갈 정도의 작은 구멍을 하나 만들어 둡니다. 그리고 그 구멍 안에 과일을 놓습니다. 이후 근처 숲에 숨어서 지켜보고 있으면 원숭이가 과일을 보고 조심조심 다가가서 과일을 집습니다. 그때 부족들이 나타나지요. 만약 원숭이들이 당장 놀라서 자기가 집고 있는 과일을 놓고 달아나면 잡히지 않을 것인데, 그 과일을 놓지 못하고 바구니를 매달고 달아나다가 곧 잡히고 만다는 이야기가 있어요. 저는 이 이야기를 듣고 우리 인간도 원숭이나 다를 바 없다고 생각했습니다. 그렇지 않습니까? 손에 쥔 과일을 놓지 못해서 잡히는 원숭이나 자기의 사사로운 욕심을 놓지 못해서 전전긍긍하는 우리 인간들의 궁상이 뭐가 다르겠습니까?"

"저도 그 비슷한 이야기를 알고 있습니다."

"어떤 이야기인가요?"

"여름날 야외 음식점 같은 곳에 가보면 밝은 빛을 내는 전등 장치를 자주 봅니다. 그 장치 앞에는 수많은 나방의 사체가 즐비하게 쌓여 있지요. 한 마디로 가게 주인이 나방들을 유인한 뒤 전기 충격으로 죽게 하는 데 쓰이는 장치인데, 그 장치 밑에는 사체가 즐비하고 지지직 소리를 내며 타들어 가지요. 이는 주광(走光) 현상이라고 해서 목숨을 잃을지언정 빛을 보면 숙명처럼 달려들게 되는 나방 떼를 가리키는 말이라고 합니다. 이를테면 그들의 행동이나 습성은 빛을 보면 죽을 줄 알면서도 달려드는 것이지요."

"그렇습니다. 불빛 때문에 타죽는 나방이나 통나무에 있는 과일이 탐이 나서 항아리 안의 먹이를 쥔 채 잡혀가는 원숭이나 모두 비슷한 운명을 안고 살아가는 것이겠지요. 그런 사례들을 보고 우리가 그냥 어리석다고 바라보면서 웃어넘길 일은 더욱 아니겠어요. 우리라고 별반 다르지 않은 인생을 살고 있으니까요."

"그렇습니다. 한 백 년도 온전히 살지 못하고 사는 세상에 천년을 살 것처럼 욕심내고, 원망하고, 슬퍼하는 것은 하찮은 미물이나 우리나 매반 다를 것이 없겠지요."

"선생님 말씀을 들으니 제가 가진 우울함이나 공황장애도 다 내 인생을 보면 사치라는 생각이 드는군요."

"아니, 그렇게까지 생각했습니까…?"

"이제 마음을 내려놓고 살아야겠다는 생각이 들어요."

"그럼 벌써 몸과 마음이 다 나은 것 같네요."

"네. 그런 것 같습니다."

"……."

열.
어디에서 행복을 찾아요?

감정은 사실이 아니다.
생각을 바꾸면 감정도 바뀐다.
— 데이비드 D. 번스(David D. Burns)

바람이 몹시 부는 늦가을이었다. 뒤뜰에 있던 은행나무 잎들이 노랗게 물들어서 담장 너머로 하나둘씩 떨어지고 있었다. 오랜만에 햇볕을 쬐면서 높은 가을 하늘을 올려다보고 있는데 이름이 버들이라고 밝힌 한 여성이 찾아왔다. 그의 하소연을 들어보니 이렇다.

"남편이 술을 마시고 집에 들어오면, 식구들을 잠을 재우지 않아요. 얼마 전에는 시끄럽다고 이웃 사람이 신고해서 경찰서에도 잡혀 간적도 있고요. 이런 날이 하루 이틀이 아니니 이제 더 이상 식구들이 버티기 어려워해요. 어쩌면 좋을까요?"

"처음 두 분이 어떻게 만났습니까?"

이런 부부가 설마 연애를 해서 만났으리라고는 생각하지 못하고 물었는데 내 예상은 완전히 빗나갔다.

"같은 직장에 다니며 알게 되었어요. 그는 술을 마시지 않으면 숙맥이라고 할 정도로 말이 없어요. 그러다가 어느 날 아버지가 한번 보자고 하시더니 만나보고는 '좋은 결혼이 아니다.'라고 말리셨어요. 그런데 제가 그 말을 듣지 않은 것입니다. 그때는 내 눈에 콩깍지가 씌었었나 봐요. 이제 와서 후회한들 무슨 소용이 있겠어요."

그의 말이 끝나기도 전에 두 볼에서는 눈물이 비쳤다. 이럴 때 여자가 우는 것은 슬퍼서 우는 것이 아니라 속이 상해서 운다고 했던가?

"힘든 생활을 아직도 이어가고 있나 보군요."

나는 한동안 측은한 생각이 들어 그를 유심히 바라보았다.

"우린 같이 횟집을 했는데, 그런데 이상하리만치 손님한테는 잘해요. 정말 신기해요. 언제나 마음씨 좋은 사장님이었어요. 그런 모습을 옆에서 지켜보면 과연 저 사람이 어젯밤 그렇게 난리를 피우던 그 사람이 맞나 싶을 정도예요. 그래서 더욱더 슬펐어요. 내 집을 찾아오는 손님보다도 못한 대접을 받으면서 언제까지 이렇게 살아야 하느냐고 말입니다."

"우울증을 앓고 있다고 하셨는데 언제부터였나요?"

가만히 듣고 있기가 민망해서 되물었다.

"글쎄요, 오래전이라 이제 기억조차 희미해서…?"

누구나 나쁜 감정에 오랫동안 시달리면 없던 병도 생긴다. 이런 특징은 그 사람의 직감에서도 볼 수 있다. 직감이란 어림짐작과는 완전히 다르다. 사람에 따라 90% 이상에 적중할 정도로 놀라운 힘과 강력한 무기를 가지고 있으며, 대뇌 측에 있는 뇌섬엽(insula)에서 비롯된다. 이를 통하여 과거의 성공과 실패의 체험이 나오게 된다.

가족관계를 알아보기 위해서 다음 회기에는 '가족 앨범'을 한번 보자고 했다. 그래서 가지고 온 사진첩을 넘기다가 또 한 번 놀랐다. 사진첩에는 부부가 나란히 찍은 사진이 한 장도 보이지 않았다. 과연 이런 부부가 몇십 년을 한 침대에서 살았나 싶었다.

"지금까지 남편만 보고 살았다고 하셨지요?"

"그래요. 가끔 밉긴 해도 그랬어요. 그런데 이제는 더 이상 안 될 것 같아요."

내담자는 대화를 나누는 중에도 조금씩 하반신을 떨고 있었다. 혹시 몸 어디에 신체화가 생긴 것은 아닌가? 스트레스에 오래 시달리면 가끔 이러한 증상이 나타난다. 성공학 강사 브라이언 트레이시(Brian Tracy)는 이렇게 말했다. "심리학과 성공학 분야의 가장 중요한 발견은 당신이 생각하고 느끼고 행동하고 성취하는 것의 95%가 '습관의 결과'라는 것이다. 우리는 모든 상황에서 자동으로 반응하는 일련의 조건반사인 '습관'을 가지고 있다. 간단히 말하면, 성공하는 사람은 '성공하는 습관'을 가지고 살고, 실패하는 사람은 '실패하는 습관'을 가지고 있다."

이 말은 파블로브(Pavlov)의 조건반사에서도 확인되었다. 강아지가 음식이 나올 때 울리는 종소리만 들어도 침을 흘리는 것과 같은 개념이다. 뉴욕 대학교 신경과학연구소 조지프 르두(Joseph Le Doux) 교수는 저서에서 이렇게 말하였다. '인간의 행동과 감정, 상상은 시냅스의 반응이다.' 즉 외부에서 우리의 대뇌에 들어온 감각 정보가 시냅스에 의하여 감정과 인격에 영향을 주게 되는데, 시상하부에서 본능적 시스템과 인지적 내용이 합쳐진다.

정보전달체계를 통해서 들어온 정보가 해마(sea horse)에 이르러서 유두체(mammillary body)와 시상의 앞쪽 끝부분에 있는 신경핵 덩어리인 시상전핵, 대상회(cingulate gyrus), 내후각피질(entorhinal cortex) 등으로 연결되기 전에 어떤 것은 외상 후 스트레스 장애(post traumatic stress disorder)와 연결된다. 나는 울적한 마음으로 앉아있는 그에게 위로의 말을 이어갔다.

"이 세상에는 병이 있으면 약도 있겠지요. 지금까지 살아오면서 남편의 부정적인 패턴을 한 번쯤 바꾸도록 노력해본 적은 없나요?"

"뭐…. 그러니까 마음이 전혀 없었다면 거짓말이겠지요. 그러나 실상은 엄두도 한 번 못 내고 살았어요."

"그랬었군요."

"무슨 방안이 있을까요?"

"우리의 감정은 대체로 대뇌의 변연계로부터 시작되지만, 사실은 원초적인 것이지요. 성난 야수와 같은 감정을 잠재우는 것은 조련사가 따로 있어야 하는데 그게 전전두엽이 하는 일입니다. 전전두엽은 합리적 판단과 사회적 관계를 조율하고 고차원적인 사고를 하도록 합니다. 이로써 우리가 계획적 행동과 복합적, 윤리적 판단에 따른 공감을 하거나 도덕적으로나 감정으로 이성을 이루게 되면서 일상에서 가지는 마음이라는 것으로 지배를 하고 살게 됩니다."

"그러면 저는 어떻게 해야 하나요? 무엇이 문제인가요?"

"우리의 감정은 자전거로 말하면 뒷바퀴에 해당하지요. 그리고 이성은 자전거의 앞바퀴로 비교되고요. 페달을 너무 심하게 밟아도 위험하지만 사실 더 위험한 것은 앞바퀴의 방향을 제대로 조종하지 못할 때입니다."

"그러면 남편은 앞바퀴가 문제인가요?"

"글쎄요. 제 생각에는 두 바퀴 모두가 문제 있다고 생각됩니다만."

"그렇다면?"

"사람마다 그 사람의 이성은 이익을 위해서 바퀴를 작동시킵니다. 그것은 남편도 어쩔 수 없는 일이겠지요. 그런 사람일수록 냉정한 판단으로 이득과 손해를 저울질해서 어떤 행동이 도움이 되는지 판단해서 살아갑니다. 그런데 우리가 흔히 사리 분별을 따질 때 과하면 정이 없다고 하면서 이기적인 사람, 자신만 아는 사람이라고 말해요. 심지어 선을 넘으면 사이코패스라고 하는데 그런 사람들은 대개가 타인의 슬픔이나 고통은 안중에도 없이 자기 이익만을 보고 사는 사람들이겠지요."

　　　　　　　　　　　　마음을 움직이는 최면과 결혼

"남편도 그런 유형일까요?"

"그런 조짐이 보이네요. 시간은 걸리겠지만 감정과 이성이 교합하도록 심리적 치료가 꼭 필요한 분 같군요."

"그러면 저는 어떻게 하면 될까요?"

"우선 남편이 먼저 심리 상담이나 정신적 치료를 받는 것이 중요하겠지만, 그 자체를 싫어한다면 부인이 먼저 노력해야겠지요. 이를테면 우리가 돼지를 바닥에 눕히려면 어떻게 하나요? 힘들겠지만 꾀를 내면 됩니다. 근처에 있는 나뭇가지를 꺾어서 등을 긁으면 시원해진 돼지가 바닥에 덜렁 눕거든요."

"그렇군요."

"남편에게 그렇게 할 수 있으세요?"

"등을 긁어주라는 말씀이세요?"

"네. 한번 해보자는 것입니다. 가끔 남편이 어린애처럼 군다고 하셨지요?"

"네, 그래요. 속을 썩일 때는 밉지만 어린애같이 굴 때가 많아요."

"그럼 됐습니다. 남편이 술에 취해서 들어오면 '아, 또 소란을 피울 수도 있겠구나!'라는 생각이 들어도 우선 남편의 기분을 맞추도록 노력하세요. 그러면 아무리 화를 잘 내던 남편이라도 함부로 부인에게 접근하지는 못할 겁니다."

"그러고는요?"

"낮에는 양귀비가 되고 밤에는 요부가 되라는 말이 있잖아요."

"그렇다면 이 나이에 남편에게 아양을 떨라는 겁니까?"

"처음에는 쉽지 않겠지요. 그러나 한번 해보자는 것입니다. 화를 잘 내는 사람일수록 단순할 때가 많잖아요."

"네, 잘난 자존심과 체면 때문에 그렇지, 단순할 때도 많아요. 잘 삐지는 것도 그렇고…."

"남편이 화를 많이 내는 것은 어린 시절부터 사랑을 받지 못하고 자랐거나 주위로부터 쭉 홀대를 받아왔을 수도 있어요. 그런 사람에게 칭찬 한마디가 명약이 될 수도 있고요. 이런 분들을 우리는 '자기애'가 강한 사람이라고 말하지요. '자기애 성격장애'라고 해요. 그런 사람들의 옆에는 항상 '의존적인 성격'의 소유자들이 득실거리고요."

"그러면 가능한 싫은 소리를 해서는 안 되겠군요…?"

"그렇지요. 밤늦게 들어와서 술을 달라고 하면 준비해 둔 술을 꺼내서 주도록 하세요."

"그러다가 더 술에 취하면…?"

"'욱'하고 화가 올라오더라도 남편과 맞서거나 싫은 소리는 일절 하지 마세요. 술을 마신 사람들은 일시적으로 억제가 어려워요. 평소에는 온순하던 사람도 술에 취하면 자의식을 배제할 수가 없으니까요. 그럴 때는 어떤 비난도 하지 말고 가만히 지켜보라는 것입니다."

"네…. 하지만 그것이 가능할까요? 그런 다음에는요?"

"우리말에 술을 좋아하는 사람들을 이렇게 말하지요. 처음에는 사람이 술을 마시고 그다음에는 술이 술을 마시고 맨 마지막에는 술이 사람을 마신다고 하잖아요."

"네, 저도 어릴 때 그런 이야기를 어른들한테서 많이 들었어요."

"이제 더는 복종에만 의존하지 말고 새로운 방법을 모색해봅시다."

"그 방법이 무엇인가요?"

"제가 얼마 전에 본 영화의 제목이 「보통사람」이었어요. 거기서 아들과 아버지가 나누는 대화가 퍽 인상 깊었어요. 아버지가 퇴근길에 우연히 다리를 절룩거리는 아들이 동네 아이들에게 놀림당하는 것을 봅니다. 그러다가 그 아이들이 모두 집으로 돌아간 뒤 아버지와 아들과 둘만 벤치에 남게 되지요. 그때 아버지가 말합니다. '야! 임마, 너도 힘껏 대항해야지 그렇게 맞고 있으니까 자꾸 아이들이 더 괴롭히는

마음을 움직이는 최면과 결혼

것 아니야. 앞으로는 그렇게 당하지만 말고 젖 먹던 힘을 내서라도 같이 맞서란 말이야.' 그랬더니 이 말을 들은 아이가 뭐라는 줄 아세요?"

"뭐라고 했는데요?"

"아빠! 그렇지 않아. 내가 대항하고 싸우면 애들은 재미있어서 더 나를 놓아주지 않고 오랫동안 괴롭힌단 말이야. 그러는 것보다는 그냥 당하고 있으면 일찍 끝날 수 있어."

"⋯⋯."

"부인도 남편에게 지금까지 그런 생각으로 살아왔던 것은 아닌가요? 지나간 이야기를 하자는 것은 아닙니다. 단지 이제부터라도 두려워하지 말고 무슨 해법을 같이 찾자는 것이지요. 혹시 압니까? 남편이 달라질 수 있을지⋯. 남편에게 복종만 하니까 동네 아이들처럼 부인을 깔봤던 것이 아니겠어요. 이제는 그러지 말고 힘에 부치더라도 같이 싸우면서, 아니 투쟁이라는 말이 더 맞겠네요.."

"그게 가능할까요?"

"처음에는 힘들겠지만, 죽을힘을 다해보세요. 그렇다고 무조건 그렇게 하라는 것은 아닙니다. 말하자면 싸워야 할 때와 참아야 할 때를 잘 구별해서 한번 해보자는 것이지요. 그리고 같이 술을 마실 수 있으면 마셔보세요. 남편이 가끔 가재도구도 부순다지요?"

"네. 그래요."

"그러면 부인도 가만히 있지 말고 같이 부수는 겁니다. 가능하면 더 큰 것을 골라서 부수세요."

"선생님! 그건⋯."

"물론 쉽지는 않겠지요. 하지만 남자들이란 아내가 주눅이 들거나 말리면 더 기가 나서 그러는 수가 많아요. 물론 이런 습관을 고치기는 쉽지는 않겠지요. 그렇다고 언제까지나 끌려다니면서 살 수만은 없지 않습니까?"

"……."

"남편 명의의 재산은 얼마인가요?"

"전혀 모르지요. 통장이 몇 개 있다는 것은 알지만 그 이상은 저도 잘 몰라요."

"건물이나 기타 부동산은?"

"건물로 상가가 한 채 있어요. 그것도 다른 사람 명의로 해 놓아서 내가 무엇이라 말할 것도 못 되고요."

"거래통장도 모른다. 동산이나 부동산 일체도 모른다. 정말 아무것도 모른 채 살아왔군요. 아이들은 이런 엄마 아빠를 보고 뭐라고 해요?"

"아들은 엄마와 조곤조곤 말을 하지만 큰딸은 정반대예요. 같은 여자인데 이해하기는커녕 아빠 편이 되어서 더 속을 썩여요. 하루는 딸에게 같은 여자로서 어떻게 그럴 수 있냐고 말했더니, 종알대기를 '그렇게 힘들었으면 하루라도 빨리 이혼하지 왜, 이렇게 살아왔냐'고 도리어 역정을 내잖아요."

"아…. 딸이 그런 말을 했다고요?"

"정말이에요. 하지만 그 애 말이 하나도 틀린 데가 없어요. 이제 와서 생각하면 그게 다 제 탓이지요. 훈련된 개처럼 늘 고함치는 대로 고개를 숙이고 꼬리를 살랑살랑 흔들면서 살아왔으니까 그렇게 봤을 수도 있겠네요. 거듭 말씀드리지만, 이제 어떻게 해서라도 이 지긋지긋한 생활을 탈피하고 싶은데 무슨 방안이 없을까요?"

부인의 볼에는 눈물이 흐르고 있었다. 아니, 울다 웃다 하고 있었다.

"당장 집에 안 들어가면 어떻게 되나요?"

"남편이 좋아할걸요."

"그건 왜요?"

"젊은 여자를 얻어서 보란 듯이 더 끼고 살겠지요."

"시아버님은 어땠어요? 술버릇은?"

"시댁과 가까이 지낸 지인의 말인데, 살아생전 그분도 술에 취하면 온 동네를 휩쓸고 다녔대요. 말하자면 더 심했답니다."

"부전자전이었군요."

알코올중독자 가정에서 자란 아이들이 '성인 아이'가 될 가능성이 일반적으로 더 높다. 부모가 술을 마시고 주정하는 것만 보며 자란 자녀들은 어릴 때는 욕구를 다 드러내지 못하다가 성인이 되어서 더 큰 문제를 보일 수도 있다. 이러한 현상은 알코올중독자뿐 아니라 다른 중독자들에게도 마찬가지다.

프로이트는 이런 사람을 두고 0세에서 2세까지 퇴행이 생겼거나 자기애적 성격장애(narcissistic personality disorder)와 경계선 성격장애(borderline personality disorder)를 동시에 가진 사람이라고 말했다. 예를 들면 아이들은 2~3세 때까지 엄마가 정해준 장소에서만 변을 보고 그렇지 않은 공간에서는 꾹 참으면서 살아온 것처럼, 자신을 통제하거나 가두었을 때 비로소 성취감이나 쾌락을 느끼게 된다. 그러나 이 시기에 잘못 고착된 사람들은 물질적 자산을 소유하거나 아끼는 데만 온 힘을 다할 때 자신에 대하여 충분한 만족감을 느끼게 된다. 이것을 우리가 이른바 '항문기 성격'이라고 일컫는다.

"글쎄요. 지금 생각하면 왜, 그렇게 바보처럼 살았는지 모르겠어요. 일찌감치 남편의 버릇을 고쳐서 살든지, 아니면 빨리 헤어졌더라면 이렇게 자식들에게 못난 모습을 보이지 않고 살았을 텐데…."

"과연 그럴까요. 부인! 그것은 누구도 확신할 수 없는 일이지요."

"그러면?"

"달걀에 적당한 온도를 맞춰주면 병아리가 됩니다만, 모든 달걀이 병아리가 되는 것은 아니겠지요. 물론 적당한 온도와 습도를 유지해주는 것도 달걀이 되는 데 필요한 조건이겠지만 달걀 내부에 병아리가 될 어떤 가능성을 지니지 못했다면 아무리 오랫동안 달걀을 품고 있어도 결코 병아리가 될 수 없지 않겠습니까?"

"그렇다면 그이는…?"

"우리 사회의 발전에서도 비슷한 현상을 보입니다. 사람들은 지리적 혹은 기후적 요인이 매우 중요하다고 말합니다. 즉 온대지역에 사는 사람은 대체로 성장이 앞서간다고 하고 열대지역에 사는 사람은 뒤떨어진다고들 말합니다만, 그렇다고 지리적 요인과 기후적 요인이 사회 전반적인 변화를 갖추는 데 큰 변수가 될 수 있을까요? 물론 그럴 수도 있고 아닐 수도 있겠지만 저는 모두가 그렇지는 않다고 생각합니다. 우리가 살아가는 사회가 저마다 조금씩 다르게 발전하기 위한 중요한 요인은 '사회 내부'에 있다고 생각합니다.

지금까지 말씀하신 남편에 관한 이야기로 미루어 볼 때 다른 사람들과 비교하면 아주 심각할 정도의 장애를 보이는 것은 분명합니다. 남편은 부부 관계에서 알코올리즘(alcoholism)이나 다른 중독 현상으로 나타나는 증상 이상으로써 많은 문제를 보이고 있으니까요. 이것만으로도 우리 사회에서 비난받을 만한 사람인 것은 분명한 것 같군요."

"우리의 대뇌에 있는 시냅스는 상상하거나 바라는 대로 이루어집니다. 이제부터 변화를 시도하려면 생활습성에서부터 하나씩 바꾸도록 노력해야 합니다."

"그게 가능할까요. 제 나이가 얼마인데…."

"반드시 가능합니다. 아인슈타인의 말인데 '바보 같은 짓 가운데 그야말로 최고는 항상 똑같은 행동을 하면서 다른 결과가 나오기를 기대하는 것이다.'라고 했어요."

"네, 그렇다면…."

"미국의 전설적인 사업가 헨리 포드(Henry Ford)는 이 말을 좀 더 강력하게 표현했지요. '사랑하거나, 떠나거나, 아니면 바꿔라.'라고요."

"네, 무슨 말씀인지 조금은 알 것 같네요."

마음을 움직이는 최면과 결혼

"그럼 오늘부터라도 시작해 보시겠습니까?"

"지금까지 말씀하신 대로 노력은 해볼 작정입니다만, 잘 될지는 저도 잘 모르겠어요. 그러나 천 리 길도 한 걸음부터라고 했잖아요."

"잘 생각하셨습니다. 전 부인이 충분히 할 수 있다고 생각합니다."

"오늘 정말 감사했습니다."

열하나.
'Thinking from'하라

생각을 올바로 갖지 않으면
어떠한 행동도 따라오지 않는다.
따라서 생각을 올바로 하면
올바른 행동이 따로 오게 마련이다.
— 헨리 조지(Henry Georgy)

새벽녘 해운대 모래밭에는 수많은 발자국이 나 있다. 모두 어디서 왔다가 간 사람들일까? 저쪽 방파제에서는 하얀 이빨을 드러낸 파도가 이쪽으로 밀려왔다가 깔깔거리며 달아난다. 한동안 넋을 놓고 그 광경을 바라보고 있다가 집으로 오니 한 여성이 기다리고 있었다. 그는 이마에 난 주름만큼이나 '나, 오늘 우울해요.'라는 표정을 짓고 있었다.

"전화로 이혼에 대해서 의논하고 싶다고 하셨지요?"

"네, 그랬어요. 그저께는 이혼하는 것 외는 다른 방법이 없을 것 같았어요."

"남편은 여기 오는 것을 알고 계시나요?"

"아뇨. 말하지 않았어요."

"그럼, 변호사를 찾아가시지 않고 왜, 여길 오셨나요?"

"선생님을 만나 뵙고 가도 늦지 않을 것이라 생각했어요."

"그럼 무엇을 의논하고 싶으신가요?"

"남편의 병을 고칠 수 있을지 그걸 알고 싶어서요."

"무슨 병입니까?"

"가진 물건들을 집안에 냄새가 날 정도로 쟁여두고 버리지 못해요. 남들은 강박증 하면 그냥 손이나 자주 씻는 정도라고 생각하겠지만, 남편은 그 정도가 아니에요."

나는 그의 이야기를 들으면서 크리스 틴 퍼든, 데이비드 A, 클라크의 저서 『더 완벽하지 않아도 괜찮아』의 문구가 생각났다. 이 서적에서는 통계에 따르면 전체 인구의 1~2%가량이 강박증 장애를 앓고 있다고 했다. 하지만 강박 증상이 자주 나타나지 않아서 진단을 받지 않은 사람들까지 포함하면 이보다 더 많을 것으로 추정된다. 불안장애의 일종인 강박장애가 있는 사람들의 90% 정도가 강박적인 사고와 행동을 보이는데 이중 약 2/3는 다수의 대상에게 집착한다.

"그러면 같이 생활하는 사람으로서 많은 어려움을 가지고 있겠군요. 남편이 과연 어느 정도인가요? 저에게 설명해주세요."

"우선 집에 들어가면 냄새가 나서 못 견딜 정도예요."

"그게 어느 정도인지…. 정말 궁금하군요. 그렇지만 일반인이 들으면 알뜰한 것이 아닌가 하는 생각이 들 수도 있겠네요?"

"아니에요. 그런 정도면 제가 왜, 이러겠어요."

강박사고 없이 바로 강박행동을 하는 경우는 드물다. 강박장애의 20~30% 정도는 강박에 대한 되새김에 시달린다. 강박 되새김은 강박적 행동은 하지 않지만, 강박적 생각을 반복하는 것이다. 강박장애에는 특별한 원인은 없다. 증명된 강박장애 유전자도 없고 뇌 구조 이상과도 무관하며 어떤 사람이 이 병에 걸릴지 예상할만한 구체적인 소인이나 특정 성격도 없다. 어떤 행동을 억제하거나 멈추게 하는 외 영역의 활동이 오히려 보통 사람보다 더 활발하지만, 이것이 강박장애의 원인이나 증상인지는 아직 밝혀지지 않았다. 나는 그 앞으로 의자를 당겨 앉으면서 물었다.

"강박에 대하여 싫은 표정을 지으면 남편은 뭐라고 하나요?"

"자꾸 내가 문제가 있다고 해요."

"그건 왜죠?"

"자기에게는 아무런 냄새가 나지 않는데 도리어 나를 이상하다고 그러잖아요."

"그럼 냄새가 나는 것은 맞나요?"

"그럼요. 그것도 심해요."

"……."

강박증은 사람마다 증상이 다양하며, 중요한 것은 이런 사람들의 뇌 구조는 일반과 달라서 의지와 무관하게 불안이나 괴로운 생각들이 올라오는 정도의 차이가 있다는 점이다. DSM – Ⅳ(정신질환의 진단 및 통계편람)에서도 불안에 대한 감소, 통제, 조절 등과 연관이 있다고 하지만, 실제 본질은 불안이 아니라 반복적 사고와 행동이라는 점에서 독립된 질병일 가능성도 있다.

"강박증 때문에 정말 이혼을 해야겠어요?"

나는 따지듯이 물었다. 병은 고치면 되는 것인데 그것으로 이혼하겠다는 것은 너무하지 않느냐고 묻고 싶었다.

"지금은 그렇게 생각하고 있어요."

"그럼, 다른 문제는 없나요?"

"술주정도 해요."

"술을 많이 드시나 보죠?"

"글쎄요. 술을 지고 일어서라면 못 일어나겠지만 먹고 일어나라면 싫다고 하실 양반이 아니에요."

"아마 막걸리 말씀이겠지요. 소주나 다른 술은 농도가 높아서 그렇게 드시지는 못할 테니까요."

"술 이야기만 나오면 이제 지긋지긋해서 현기증이 날 것만 같네요."

"그렇게 심했나요?"

생텍쥐베리(Antoine Marie Roger De Saint Exupery)가 쓴 『어린왕자』에서 어린왕자가 세 번째 방문한 별에는 술주정뱅이가 살고 있었다. 왜 술을 마시느냐고 물었더니 그는 '술을 마시는 것이 부끄러워서 마신다'고 대답하였다. 우리 주위에는 어린왕자에 나오는 술주정뱅이처럼 자기 자신이 매몰되어 가는 모습을 받아들이기 어려워 술을 마시는 사람이 있다. 그런 사람들을 우리는 '알코올 중독자'라고 부른다.

"알코올 중독에 물건을 모으는 습관이 있다. 이런 말씀이지요?"

"네. 그래요."

"알코올 중독과 강박장애라…?"

심리적 습관이나 두려움은 오류에 의한 뇌, 즉 자동화 때문에 생긴다. 두려움을 익히고 습득하는 것은 그 사람의 행동에 의해서이다. 그러면 이러한 행동 패턴이 어떻게 저장되는지 알 수 있는 것은 그 사람마다의 습관이다. 그래서 보웬(Murray Bowen)은 내현기억(implicit memory)을 없애려면 직면할 때의 상황을 그 사람의 어린 시절과 비교해보라고 했다.

"다른 가족들은 뭐라고 하나요?"

"둘이서 아파트에 따로 살고 있으니 다른 가족들이 알 턱이 없지요."

방안에 악취가 난다는 생각을 한시도 지울 수 없는 것이 강박사고에 해당하고 몸을 자주 씻는 것을 강박행동으로 볼 수 있을 것 같다. 이런 가족들은 자기 일이 아니면 관심을 가지지 않기 때문에 서로 '나 외에는 아무도 믿지 않는다'라면서 마음의 상처를 입게 되고 결국은 '역기능 가정'이 되어가는 것이 아니겠는가? 나는 그에게 나쁜 습관을 고치는 데 얼마나 힘이 드는지에 대하여 다음 예화를 들어서 설명했다.

"한 아이를 데리고 숲속을 걸어가는 스승이 있었어요. 스승은 그 아이와 다정하게 잣나무 숲을 지나가다가 한 그루의 나무를 가리키면서 뽑을 수 있겠느냐고 물었지요. 아이는 이제 막 싹이 트는 그 어린 나무를 쉽게 뽑을 수 있었어요.

두 번째 가리킨 나무는 조금 전 나무보다 훨씬 컸지만, 역시 어렵지 않게 뽑았지요. 이렇게 과제를 모두 해결한 뒤 마음이 홀가분해진 아이는 스승이 세 번째 가리킨 나무에 다가갔습니다. 그러나 이번에는 너무나 당황스러웠지요. 그 나무는 대궁이 너무 많이 자라서 도저히 혼자서는 뽑을 수 없을 것 같았습니다. 그러나 젖 먹던 힘을 내어 겨우 뽑았습니다.

스승은 아이가 하는 행동을 가만히 지켜보다가 네 번째 나무를 향해 걸어갔습니다. 스승이 가리킨 나무는 이미 나무가 아니고 고목이 되어 있었습니다. 처음과 두 번째는 쉽게 뽑을 수 있었지만 세 번째부터는 어려웠고 마지막 나무는 도무지 엄두도 낼 수 없었습니다. 이처럼 우리의 '습관 뽑아내기'는 자라는 나무와 같은 것입니다. 이 아이가 나무를 뽑는 것을 보고 당신은 어떻게 생각하십니까? 훌쩍 커 버린 나무나 습관이나 우리의 일상에서 이루어지는 것은 똑같은 것인지도 모릅니다. 우리가 어릴 때부터 잘못 길든 습관을 일찍이 바꾸지 못하면, 한 그루의 나무처럼 영원히 뽑을 수 없을지도 모른다는 것이지요."

"한 번 만들어진 습관을 없애는 것은 정말 너무 어려운 일이군요."

"그렇습니다. 그 사람의 내적 표상 체계를 바꾸는 일이니까요."

"그럼, 바꾸는 방법은 없을까요?"

"누구나 어릴 때부터의 습관이라는 것이 있는데 이것을 '거울 뉴런'과 연계해서 생각하면 이해하기 쉬워요. 어릴 때부터 가족들로부터 보고 듣고 알게 된 것이나 간혹 따라 했던 행동과 태도가 그 사람에게 거울처럼 비쳐 본능적으로 이어지게 된 것이지요."

"습관은 주위의 환경을 통해서 배운다는 말씀이군요."

"그렇습니다. 우리가 어린 시절부터 어른들로부터 보고 들은 것을 자연스럽게 따라 하게 되는 것은 어쩔 수 없는 일이지요. 생각해보세요. 우는 사람을 보면 슬퍼하게 되고, 웃는 모습을 보고 웃게 되는 것이나 무서운 사람을 보면서 무서워하는 것은 자연스러운 일이겠지요."

"그러면 남편의 습관도 그런 건가요?"

"거울 이론을 말한 리촐라티(Giacomo Rizzolatti) 교수는 인간은 선천적으로 거울 뉴런을 가지고 태어나며, 거울 뉴런의 체계가 미성숙할 경우 자폐와 같은 발달장애가 일어날 수 있다고 했습니다."

"그럼 남편의 나쁜 습관도 문제지만, 불안이나 공포도 같은 맥락으로 봐야 한다는 말인가요?"

"그렇습니다. 불안이나 공포도 비슷한 과정을 통해서 생깁니다. 예를 들면 장난감을 가지고 놀던 한 아이에게 큰 개가 접근하면 그 아이는 어떻게 할까요?"

"저는, 아이가 울 것 같은데요."

"그 아기가 어떻게 행동을 하는가는 옆에서 지켜보고 있는 어른들의 태도나 행동에 달렸어요. 아이는 우선 가까이에 있는 어른을 쳐다보겠지요. 그리고 어른들이 두려워하는 모습을 보이면 뒷걸음을 치거나 금방 울음을 터뜨리겠지만, 만약 어른들이 웃고 있다면 그 아이는 위협을 전혀 느끼지 못할 수도 있습니다."

"네, 그래서 아이들이 양육자와 가장 가까이 있게 되는 6세 이전에 보고 들은 대로 한다는 거군요. 그래서 '문제아 뒤에는 문제의 부모가 있다'라고도 하고요."

"그렇습니다. 그래서 뇌를 보고 우리가 지칭하기를 '영혼의 하드웨어'라고도 말합니다. 만약 뇌가 올바로 작동하지 않으면 우리는 진정

되고 싶어 하는 사람이 될 수 없지요. 그 사람의 뇌가 어떻게 작동하느냐에 따라서 행복의 정도, 효율적인 일 처리 그리고 대인관계의 수위가 결정되는 것이니까요. 다시 말하면 그 사람의 뇌의 상태에 따라서 결혼, 양육 방법, 직업, 종교적 신념 그리고 기쁨과 슬픔의 경험 등에 큰 영향이 있을 수도 있고 그렇지 않을 수도 있습니다. 그래서 불안하고, 우울하고, 강박증이 생겼거나, 화를 내거나, 주의가 산만해진다면, 아마도 이러한 문제들이 마음속에 있다고 생각하면 됩니다."

"네. 말씀을 들으니 나도 남편과 비슷한 성향을 지녔다고 보는 것이 맞겠네요."

"각자 상반된 강박을 가지고 있다고 할 수도 있겠어요. 한 사람은 자꾸 가지고 있던 것을 버리지 못하는 습관이 있고, 또 한 사람은 그것을 보고 냄새가 난다고 하는 것이겠지요."

"결국 마음이 움직이면 기억에 남게 된다는 말씀이군요."

"그렇습니다. 우리는 일상적이고 평범한 일은 쉽게 잊어버리지요. 그러나 반복적으로 일어나는 정보나 마음을 크게 움직인 사건은 절대 잊기 힘듭니다. 이를 놓고 우리는 '마음이 움직인 사건'이라고 말하지요. 말하자면 희로애락의 감정이 급격히 변화되는 일이거나, 갑자기 아무 생각이 떠오르지 않거나 가슴이 뛰는 등으로 신체적 변화를 불러일으키는 사건들이 우리 곁에는 수시로 일어나니까요. 그러한 사건들은 잊기가 쉽지 않아요. 왜냐하면 이러한 격한 감정의 변화를 일으킨 사건들이 기억되는 것은 희로애락과 함께 기억력을 증강하는 신경전달물질이 분비되기 때문이지요."

"거듭 말씀드리지만, 그러면 호르몬과도 영향이 많겠군요?"

"그렇습니다. 뇌 과학적으로 기억력 향상이 크게 확인된 뇌 신경전달물질은 아드레날린, 노르아드레날린, 도파민, 엔도르핀, 옥시토신 등으로 알려져 있습니다."

"그럼 강박장애에는 과연 어떤 호르몬이 문제를 가장 많이 일으키는가요?"

"주로 신장에서 일으키는 스트레스 호르몬으로 알려진 아드레날린과 노르아드레날린은 불안이나 공포심을 느꼈을 때 분비되는 물질이지요. 어떤 재난 사고나 자연재해, 가까운 사람이나 반려동물의 죽음에서도 해당하고요. 그 외에 외상 후 스트레스 장애도 여기에 속하기는 합니다. 다음으로 우리가 꼭 알아야 할 행복 호르몬 또는 행복 물질로 불리는 도파민은 가슴이 두근거릴 때, 혹은 목표를 달성했을 때 많이 분비됩니다. 어릴 때 소풍 전날 밤잠을 이루지 못할 때 나타났던 호르몬을 말하지요. 그리고 더 챙겨볼 것은 쾌락 물질로 얻어지는 호르몬인 엔도르핀이 있습니다. 이는 '최고!', '됐다. 해냈다.'라고 하는 긍정적인 것이 바탕을 이루면서 우리가 긍정적 기분을 느끼거나 누구에게 자랑하고 싶을 때 많이 분비됩니다. 노력해서 금메달을 땄다고 생각해보세요. 그 기분이 어떻겠어요? 아주 날아갈 것만 같겠지요. 마지막으로 젊은 사람들에게 분비되는 중요한 호르몬이 하나 있지요. 즉 연애 물질이라고 해서 옥시토신을 말합니다. 애정이나 스킨십과 관련하여 분비되는데 가령 2년 전에 사귄 사람이 아직도 잊혀지지 않는다는 것은 옥시토신의 영향이라고 할 수 있을 겁니다."

"네, 알겠습니다."

"제가 이렇게 강박 증상이 남편과 같이 생기는 원인은 뇌의 작용과 무난하지 않다고 하니, 우선 병원을 가도록 남편과 의논해야겠군요."

"네. 그게 가장 바람직하겠지요."

열둘.
사랑의 티핑포인트(Tipping Point)

인간이 실패하는 이유는 단 하나,
자기 자신에 대한 진정한 믿음이
부족하기 때문이다.
― 윌리엄 제임스(William James, 1842~1910)

온 산과 들에 눈이 하얗게 내렸다. 부산에 눈이 이렇게 많이 내린 것은 퍽 오랜만이다. 창문 너머로 눈을 치우는 환경미화원들의 부산한 모습이 하나둘 눈에 띈다.

이런 날씨에 나를 찾아온 여성은 어깨에 쌓인 눈만큼이나 하얀 미소를 지어 보였다.

나는 그에게 정중하게 말을 건넸다.

"어서 오세요. 눈이 퍽 많이 내렸지요. 무슨 말씀을 나누고 싶어서 오셨는지요?"

"……."

"그러고 보니 표정이 몹시 어둡네요."

"제가 조금 그렇게 보이지요."

"최근에 무슨 일이 있었던가요?"

"이런 데를 처음 와서 그럴 거예요. 하지만 이렇게 해서라도 이야기하지 않으면 못 견딜 것 같아서 찾아왔어요."

"잘 오셨습니다. 그런데…?"

"환청이 들려요. 병원에 가도 시원스러운 진단을 내려주지 않네요."

"그곳에서 뭐라고 하던가요?"

"가는 곳마다 조금씩 달라요. 한 곳은 스트레스가 많이 쌓여서 그렇다고 하고 또 다른 곳은 공황장애의 시초라고도 하고…?"

"근래에 스트레스를 받을 일이 있었나요?"

"네, 제 아이가 ADHD(Attention Deficit Hyperactivity Disorder)로 오랫동안 병원에서 치료받고 있어요. 의사는 스트라테라 10mg을 처방해주었고요."

"그것 때문에 저를 찾아왔나요?"

"아니에요. 그것만은 아니고, 벌써! 일 년 전의 일이네요. 제가 아이를 데리고 ADHD를 치료하기 위해서 병원에 다녀오다가 집에서 남편과 크게 싸웠어요. 그런데…."

"무슨 일이 있은 겁니까?"

"글쎄 말대꾸를 한다고 저에게 손찌검하지 뭐예요. 고막에 파열이 있었어요."

그가 말을 하다가 이내 울먹였다.

"아니, 그럴 수가…?"

"그후 집을 나와서 별거하고 있고요.."

"남편이 무척 잘못했군요. 직장이 학교 교사라고 했던가요?"

"예."

"그랬었군요. 무의식 속에서 일어난 억압과 분노는 아동기에서만 생기는 것만은 아니지요. 남편이 자녀 때문에 마음고생을 하다가 그게 억압된 분노가 되어 아내에게 나타난 것 같군요. 이런 스트레스는 누구에게나 흔히 일어날 수 있는 일입니다.

나는 스트레스를 가끔 은행 계좌로 비유합니다. 우리가 화(anger)를 쌓는 것은 평생에 걸쳐 이어지잖아요. 그런 화 때문에 일어나는 스트레스를 자주 꺼내 쓰지 않으면 오히려 큰 낭패를 보게 되지요. 지금 바로 부인과 남편이 그런 상황에 처해있는 거로군요?"

"네. 그런 것 같네요."

"억압된 분노가 한계점에 달하여 의식으로 표출되려고 할 때도 몸과 마음은 통증과 거의 비슷한 증상을 보일 수도 있습니다."

"그렇습니다. 지금 제가 그런 정도에 있는 것 같아요. 특히 어머니로서 아이에 대한 걱정도 그렇고요."

"아무튼 우리가 중요한 시기에 아이를 지켜보는 것을 보고 골든타임(prime time)이라고 하잖아요. ADHD이면 더 할 것이고요. 그때를 3세 이후라고 보면, 시냅스가 가장 많이 자라는 시기이지요. 성인의 두 배에 달하는 시냅스를 유지하기 위해서는 물론 가지치기도 필요합니다. 이 과정에서 필요한 시냅스를 남겨 놓고 나머지는 끊어내는 작업을 한다고 볼 수 있습니다.

그러나 어떤 시냅스를 남겨 놓을지 말지는 그 사람의 태도에 달라져요. 오감을 통하여 들어온 정보전달체계는 감각에 따라 크게 좌우되니까요. 말하자면 어떤 감각적인 경험을 이어가고 있는지에 따라서 가지치기의 형태도 달라집니다.

이러한 가지치기가 영아에만 이루어지는 것은 물론 아닙니다. 청소년기를 거쳐 인생 후반기까지 쭉 이어지는데 아이들에게는 두 번째 가지치기가 더 중요합니다. 이 시기가 사춘기가 되겠지요. 시냅스 회로는 마치 정원에서 나뭇가지를 솎아내는 것처럼 마구 줄어듭니다. 여기에 중요한 변수도 같이 작용해요. 반복적으로 사용되는 시냅스는 강화되는 반면, 불필요한 시냅스는 제거과정을 가치면서 인격체가 완성됩니다. 이렇게 살아남기의 경쟁에서 생존한, 즉 말하자면 강화된 시냅스가 인격을 만들면서 독특한 감정 패턴을 만들어나가는데 이것을 놓고 그 사람의 사고방식이 쌓인다고 하는 것입니다.

이 시기를 놓고 뇌 과학자들은 '인생의 골든타임'이라고 말합니다. 이때를 놓치게 되면 하나의 큰 위기가 될 수도 있을 것이고, 이를 붙잡게 된다면 커다란 선물이 되겠지요. 그래서 이때를 택해서 어떤 교육을 받아들이느냐는 아주 중요하다고 봐야 합니다."

"선생님 말씀을 들으니 남편과의 사이에 대한 문제보다 아이가 더 걱정되네요."

"네. ADHD를 치료하는 것도 중요하지만 아이의 성장 과정에 대해서도 많이 신경 써야 합니다."

"제가 앞으로 어떻게 하면 좋을까요?"

"ADHD인 아이를 위해서는 남다른 노력이 필요하겠지요."

"그러나 그게 그리 쉽지 않네요."

ADHD는 대략 2~5% 정도의 아이들에게 생긴다고 알려져 있다. 이는 전두엽과 기저핵(Basal gangliaa)에서 뇌의 신경전달물질인 노르아드레날린과 도파민의 불균형으로 생기며 어른이 되어도 그 증상이 50% 가량은 남는다고 한다.

"결국, 아이의 ADHD 때문에 어른 싸움이 되었군요."

나는 한숨을 쉬고 있는 그에게 위로의 말을 전했다.

"그런 셈이지요."

"그렇지만 어른들의 감정싸움은 깊어질수록 자녀들에게 더 큰 화를 미친다는 점을 유념하셔야 합니다. 그리고 지금 잘 치료하지 못한다면 자녀 때문에 오랫동안 마음고생을 할 수도 있으니까요."

"네. 그게 더 걱정입니다."

제레드 쿠니 호바스는 『사람은 어떻게 생각하고 배우고 기억하는가?』에 우리 인간은 개인의 심리적 해석 덕분에 즐거움, 두려움, 분노, 놀라움, 슬픔, 혐오감 같은 복잡한 감정을 가지게 된다고 기술하였다. 이때 저마다 가진 감정과 느낌의 관계는 쌍방향 도로(two-way street)라고 하였는데, 이는 어떤 일이 생길 때마다 어떻게 받아들이고 심리적으로 해석하느냐에 따라 그 사람의 신체감각이 달라진다는 것이다.

즉 늑대를 보고 위협적인 존재로 해석한다면 심박수가 빠르게 뛸 것이고 우스운 존재로 해석한다면 심박수는 늦어진다. 이렇게 상황이나 인식에 따라 전기 및 화학물질이 생기는 것을 안다면 스트레스는 그때 생긴 반응이 아니라 해석이라고 볼 수 있다.

"이유야 어떻든 남편의 손찌검을 잊을 수 있겠어요?"

그는 마치 남편에게 항의라도 하듯 울먹거렸다.

"한 번의 구타가 그렇게 마음에 걸리나요?"

"물론이지요. 폭력 그 자체도 문제지만 어떻게 아이 앞에서 그럴 수가 있어요. 미개인도 아니고…."

"평소에도 그런 일이 자주 있었나요?"

"아니에요. 가끔 신경질을 부리긴 해도 폭력을 쓰지는 않았어요."

"그럼 싸우기 전에 남편과의 사이는 어땠나요?"

"평소와 별반 다르지 않았어요. 두 사람의 성격이 워낙 맞지 않아서 한 번도 이혼을 생각하지 않았던 것은 아니지만, 아이가 있으니 이러지도 저러지도 못하고 어정쩡하게 지내고 있었지요…. 뭐."

"서로에 대한 불신이 컸군요?"

"저도 그것을 잘 모르겠어요. 왜, 내가 이렇게 되었는지…."

"아이는 지금 누가 돌보나요?"

"외할머니가 있어요. 저는 직장에 나가니까 그렇게 되네요."

"그러시겠지요. 그래도 돌볼 사람이 있으니 얼마나 다행스러운 일입니까? 우울증은 언제부터 앓게 되었나요?"

"조짐을 보인 것은 퍽 오래되었어요. 무기력증도 그렇고요."

"그렇습니까? 오랫동안 고통에 시달려왔군요. 우리의 뇌는 약 1천억 개의 뉴런을 가지고 있어요. 그리고 대략 1만 개의 다른 뉴런들과 연결되어 있고요. 결국 시냅스는 대략 1천조 개가 되는 셈인데요. 그 많은 뉴런이 서로 소통하고 있다는 것입니다.

이것은 무한대에 가까운 뉴런들이 지금 이 순간에도 시냅스로 연결될 뿐만 아니라, 그만큼 부정적인 시냅스도 자란다고 보아야지요."

"그것은 부정적인 생각을 많이 하면 부정적인 시냅스가 강화되고 긍정적으로 생각하면 긍정적인 시냅스가 강화된다는 것을 말씀하시는 것인가요?"

"그렇습니다. 신경정보 시스템은 단순체로 구성되었겠지만, 그 사람의 활동에 따라 복합체적으로 활동하는 것은 어쩔 수 없는 현상이겠지요.

참, 수학 선생님이시지요. 그러면 정보시스템의 기본 단위에 대해서는 확실히 알겠네요. 마이클론(1m의 1/100만) 크기의 신경세포들인 뉴런은 그리스의 밧줄이나 끈이라는 뜻을 가지고 있어요. 그렇지만 신경세포들이 서로 붙어 있지 않고 작은 틈새가 있어 그 틈을 시냅스라고 부르는데, 그곳이 우리의 마음이 있는 곳이기도 합니다.

그래서 신경세포의 축색돌기는 시냅스를 건너뛰어 다른 신경세포의 수상돌기와 접하면서 신경전달물질을 분비하는 것이에요.

이때 신경세포 사이에 전기 물질이 흐르고 그 전기는 우리의 몸의 각 부분에 화학에너지로 전달됩니다. 이런 전기적, 화학적 신호의 연결을 통해서 뉴런마다 집합적인 활동이 연결되면서 감각, 운동, 사고 등의 복잡한 활동이 이어지는 것이지요."

"그럼 우리 아이는 ADHD 때문에 정보시스템 체계가 무너진 것으로 보아야 하는 건가요?"

마음을 움직이는 최면과 결혼

"그런 것도 일부 있다고 보아야겠지요. 하지만 더 중요한 것은 우리의 사고와 행위, 그리고 기억과 당시의 기분을 통해서 뇌는 평생 소통을 담당하고 있어요.

만일 신경전달물질이 손상되거나 균형이 깨지면 건강과 삶에 대한 치명적인 타격을 입을 수도 있는 것이고요. 그만큼 신경전달물질과 시냅스, 즉 커넥톰은 중요하다고 보아야 합니다."

"그 말씀은 아이에게 부정적인 요인이 있으면 앞으로 더 나쁠 수가 있다는 말씀으로 들리네요."

"물론입니다. 당연한 말이지요. ADHD를 치료하는 것은 의사의 소견도 중요하지만, 부모님의 노력이 더 중요하다는 것을 말씀드리는 것입니다."

"무슨 말씀인지 알 것 같습니다…."

"1990년대 중반까지만 해도 성인의 뇌는 변하지 않는다고 했어요. 그렇지만 에릭 캔들(Eric Kandel) 교수 등 위대한 몇몇 뇌 학자들에 의하여 그렇지 않다는 것이 밝혀지면서 우리의 생각도 많이 변했지요. 프로이트의 정신분석이 알려지고 난 뒤 무려 120년이 지나서이지만요."

"참 많은 시간이 흐른 뒤군요. 우리 아이도 얼마 전까지만 해도 병원에서 주로 인지 및 행동치료를 했는데 요즘은 뇌 치료로 병행하고 있답니다."

"예. 물론 그렇겠지요. 뇌의 커넥톰은 아주 중요합니다. '함께 신호를 발사하는 각종 뉴런은 서로 연결되어 있다'라는 것을 독일의 뇌 과학자인 클라우스 베른하르트가 밝혀냈어요.

기억으로 새롭게 받아들인 시냅스가 강력해질수록 긍정적인 생각을 자주 하게 되고 부정적인 생각이 줄어드는 상황이 3주 정도 이어진다면 더욱 긍정적으로 변할 수 있다는 것입니다. 아주 중요하지요.

즉 세포가 달라지기까지는 어떤 다른 생각을 해서 일부러 반대되는 방향으로 자꾸 바꾸려고 노력할 것이 아니라 그것을 받아주거나 위해 주는 것이 낫다는 것입니다. 이 말은 과거 프로이트의 6세 이전의 정신분석 상담을 지양했던 사람들에게는 충격적인 이론일 수가 있지만요."

"그것은 무슨 말씀인가요?"

"말하자면 부정적인 말도 자주 하게 되면 그것이 강화되어 상황에 도움이 되지 않는다고 말하는 겁니다. 생각해보세요. 우리가 담배를 끊고 싶을 때 담배를 잊고 지내면 담배를 덜 피울 수 있지만, 자꾸 담배를 끊어야지 생각하면 그것이 곧 시냅스를 강화시키지 않겠습니까? 그래서 상담을 하면서도 초기에는 몇백 가지 긍정적인 시냅스가 생기지만, 10배가 넘는 부정적인 시냅스도 함께 만들어진다는 것은 이런 의미를 염두에 두고 하는 말이지요."

"우리 아이의 치료에 대해서도 중요한 말씀을 하고 계시는군요⋯."

"어린 시절에 힘겨운 경험을 가졌다거나 어떤 경험을 잊어버리는 것이 낫다고 생각하는 사람이 있으면, 이제 그것을 들추지 말고 그냥 내버려 두는 편이 좋다는 말입니다. 에카르트 폰 히르슈하우젠(Eckart von Hirschhausen) 박사가 말했어요. '우리 어린 시절은 그야말로 shit (똥)이었을 수도 있습니다. 똥 한 단지를 무릎 위에 올려놓고 2년 동안 휘휘 저어본들 도대체 무슨 도움이 되겠습니까?'"

"박사님의 그 말씀은 정신분석에서 0~6세까지의 기억, 즉 그 케케묵은 기억도 이제 그리 중요하지 않다는 말씀으로 들리네요."

"아니, 꼭 필요 없다는 말보다는 너무 과거에 매달리지 말라는 것이지요. 마이너스에 마이너스를 더 하면 플러스가 되듯이 자꾸 부정적인 말을 되풀이하면 오히려 도움이 되지 않는다는 말이지요. 즉 이미 지난 날에 너무 의미를 두지 말라는 말입니다. 전년도에 아이가 보는 데서 남편에게 심한 구타를 당한 것이 마음에 걸린다고 하셨는데 그것도 자꾸 반복하는 것이 치료에 도움이 되지 않으니까요.

과거는 더 이상 도움이 되지 않으면 그것을 들출 것이 아니라 그대로 두어야 합니다. 잠재의식은 자신을 보호하는 것이 가장 큰 과제인데 구태여 쓰지 않는 의식을 떠 올려서 건전한 의식과 함께 비교하는 것은 컴퓨터에 못된 바이러스를 올려놓는 것과 뭐가 다르겠습니까?"

"잠재의식을 떠올리지 않더라도 현재의 의식으로 얼마든지 고칠 수 있다는 말씀이지요?"

"그렇습니다. 충분히 그렇습니다."

"우리의 잠재의식은 1초에 8만 개가 넘는 정보를 처리한대요. 아침 잠에서 깨어나서 나를 위한 뉴런이라는 조력자들 8만 명이 움직이는 것으로 본다면, 나날이 새로운 생각과 긍정적인 시각으로 하루를 시작해야지요. 8만 명이나 되는 조력자들에게 힘을 준다면 그들이 어떤 일을 해 줄까요? 아마 당신의 삶은 나날이 긍정인 방향으로 전환될 것입니다. 자! 이제부터라도 아이와 남편에 대한 선입견을 바꾼다면 잠재의식은 부인을 위하여 또한 쾌적한 삶을 위하여 1초마다 8만 번씩 도움 운동을 하게 된다는 것을 잊지 말아야지요."

"저도 이제 과거에 연연하지 말고 현실에 충실하여야 할까요? 말하자면 무의식의 힘을 이용해서 말입니다."

"그렇습니다. 결국 무의식의 힘은 누가 주인일까요? 당연히 당신을 위해서 일을 하고 있으니까요. 그러니 너무 과거에 매여서 나를 가두어 두거나, 과거의 수렁에 빠뜨리지 말고 있는 그대로 두고 이제부터라도 새로운 시냅스를 만들어서 앞날을 개척하면 남편과의 관계가 좋아질 것이고 아들의 병도 차츰 빠르게 회복이 되겠지요."

"과거에 얽매이지 말고 새로운 시냅스를 받아들이도록 준비하라는 말씀으로 들리네요."

"네. 그렇습니다. 어느 누구도 과거로 돌아가서 새롭게 시작할 수는 없지만, 지금부터 시작해서 새로운 결말을 맺을 수는 있다고 했으니 이미 지난 과거에 집착하는 것보다는 앞으로 일어날 일에 더 마음을 써야지요.”

　“선생님 전 앞으로···. 과연 남편과의 간극을 좁힐 수 있을까요?”

　“충분히 가능하리라고 봅니다.”

　“네. 알겠습니다. 그렇게 하겠습니다.”

제3장

결혼을 치유하다

열셋.
뇌 가소성의 힘

모든 사람의 마음속에는
호랑이와 돼지와 나귀와 나이팅게일이 있다.
성격의 차이는 이 넷의 고르지 못한 작용에서 생긴다.
— 비어스(C. W. Beers, 1876~1943)

아침부터 내리던 비는 오후가 되어서도 그칠 기미가 보이지 않았다. 어제부터 먹구름이 하늘을 뒤덮는 것을 보고 내일은 틀림없이 비가 올 것으로 예측한 것이 딱 들어맞았다. 나는 커피 한 잔을 들고 창가에 서서 한동안 유리창 너머로 흘러내리는 빗물을 바라보았다.

빗방울은 기를 쓰고 매달려 봐도 누군가 끌어당기듯 아래로 미끄러지고 있었다. 우리의 삶도 빗방울처럼 저렇게 어디론지 흘러내리고 있는 것은 아닌가? 그때 노크 소리가 들리면서 내담자가 찾아왔다.

"처음 만난 분답지 않게 낯이 익네요."

이것은 내가 건넨 상투적인 말이지만 일종의 암시문(compound suggestions)에 가깝다.

"제가 좀 그렇지요. 워낙 평범한 얼굴이라서 가끔 그런 소리를 많이 들어요."

"밖엔 아직 비가 오나요?"

"오늘은 그칠 것 같지가 않네요."

그의 이름을 '나리'라고 불렀다. 대화가 시작되자 지금까지 밝았던 모습은 어디론지 사라지고 무언가에 쫓기는 사람처럼 불안하게 보였다.

"무엇을 의논하고 싶은가요?"

재촉하듯이 물었다.

"네, 실은 아들 문제예요. 한 달 전이었어요. 군에서 영장이 나와서 신체검사를 했는데 다면적 인성검사(Multiphasic Personality Inventory)에서 부적합 판정을 받았대요."

"그런 일이 있었군요."

"아들이 워낙 내향적인 성격이라 말이 없는 편이지만 정신적으로 문제가 있을 것이라고는 생각하지 못했어요. 그래서 며칠을 고심하다가 이렇게 선생님을 찾아온 것이고요."

"네. 잘 오셨습니다."

"상담하러 간다니까 아들이 이것을 건네주네요. 저는 봐도 도무지 무슨 말인지 모르겠어요."

그가 내민 MMPI(Minnesota Multiphasic Personality Inventory) 파일에는 검사를 받았던 기관과 날짜가 빼곡히 적혀 있었다.

"한눈에 보아도 정상적이지는 않네요."

"기록되어 있는 대로 말씀해주세요."

"이 검사는 병원이나 정신건강의학과에서 진단 및 치료용으로 쓰이는 자료입니다. 정신병리 및 진단으로 성격특성, 적응 수준에 의한 자료이고요. 개인의 생각, 느낌, 행동이 어느 한쪽으로 치우쳤을 때 서로 간의 비교를 통해서 알게 됩니다. 주로 건강 염려증, 우울증, 히스테리, 반사회성, 편집증, 강박증, 정신 분열증, 경조증 등으로 표시되고 있고요. 비교적 도표에서 나타나는 수치는 인지장애에 대한 패턴이 나오는데 '편집성 성격장애'가 보이는군요.

알기 쉽게 말씀드리자면, 예컨대 알고 지내던 사람이 30분이나 나타나지 않을 때 '아! 이거 외도하는구나!', '그래! 나와의 사랑이 식어서 그런 거야.'라고 속단을 보이는 태도를 말합니다. '그러면 내가 버림받기 전에 먼저 절교를 선언해야지' 하는 것입니다. 두 번째로는 정서적인 면에서의 일입니다. 즉 상대방이 내가 가장 싫어하는 콩나물국밥을 시켰을 때 아무 내색도 못 하고 먹는 사람을 보고 우리는 '연극성 성격장애' 혹은 '의존성 성격장애'라고도 말합니다. 다음으로 세 번째의 사회적인 기준입니다. 어떤 부류 계층에서는 가끔 맹목적으로 따르는 부류들이 있겠지요. 이런 사람들은 사이비 종교에서 많이 볼 수 있습니다. 즉 교주와 신도 사이겠지요. 그런데 전자를 놓고 '자기애 성격장애'라고 말하고 후자는 '의존성 성격장애'라고 말할 수가 있어요.

'반사회성 성격장애'와 '경계성 성격장애'에 대해서도 말씀을 드리겠습니다. 주위에서는 타인의 권리를 무시하거나 위반하는 사람들이 종종 눈에 띕니다. 그중에서 장기적인 패턴을 가지고 있는 사람들을 볼 수가 있는데 범죄, 법적 문제 및 소송관계 등에서 충동적이고 공격적인 행동들뿐만 아니라 낮은 도덕적으로나 비양심적인 구조를 가지고 있으면서 자기 기분에 맞지 않으면 폭행 및 폭언을 행사하는 사람을 말합니다. 그중에서 '경계성 성격장애'는 정서적으로 아주 불안정성을 가지고 있으면서 자아상, 목표 등이 불분명하거나 혼란스러울 수가 있는데 이를 우리는 소시오패스라고도 말하지요."

"우리 아이가 그런 증상을 보인다는 거군요"

"네. 어느 정도는 그렇게 보입니다."

"좀 더 자세하게 말씀해주실 수 있을까요?"

"이 검사는 정신분석치료에서 거론되는 것이긴 한데, 120년 전 프로이트에서 시작된 것으로 심리적인 장애의 정도를 말합니다. 대개 약 6세 이전에 이루어진다고 알려졌고요. 즉 미국 정신의학협회(American Psychiatric Association)에서 1950년대에 출간한 『진단 및 통계편람』을 통하여 정신 분열증, 양극성 장애, 주요 우울증, 강박장애 등 정신과적 증상을 보유하고 있다는 것을 표시했습니다."

"6세 이전에 생긴 것이라면 우리 아이가 그렇게 된 것은 부모책임이 큰 것 같네요. 사실은 이런 문제에 대해서 자세히 말씀을 드리려고 왔습니다. 애가 태어날 때쯤에 우리 부부에게 문제가 있었어요. 아니 정확하게 말하면 남편과 저 사이에 갈등이 있었다고 하는 말이 더 맞겠네요."

"자세하게 말씀해주세요. 무슨 일이 있었습니까?"

"그 아이가 태어날 때쯤 남편이 한 여자와 만나고 있었어요."

"외도를 했다는 말씀이군요."

"그것을 외도라고 말하기는 어렵지만, 저와 결혼 전에 알던 여자가 있었는데 가족들이 반대하자 저와 결혼을 결심한 것이고요."

"그런 일이…. 그래서요?"

"그 여자와의 관계를 아주 끊지 못한 채 저랑 결혼식을 올린 것입니다."

"그 후에는 어땠나요?"

"세상에는 비밀이 없잖아요. 결혼식이 끝나고 얼마 지나지 않아 한 지인을 통해서 그 여자와의 관계를 알게 되었어요. 처음에는 제가 정신을 차리지 못할 정도로 놀랐고요."

"당연히 그랬을 테지요."

"그리고 우리는 많이 싸웠어요. 이혼이라도 해야 할 것 같은 상황까지 가기도 했지요. 옛말에 '부처도 외도는 용서하지 못한다'라고 하잖아요. 그 여자와 남편이 만나고 있는지 확실한 물증은 없었지만, 마음

마음을 움직이는 최면과 결혼

이 편하지 않았어요. 그런 상황에 처하면 누군들 그러지 않겠어요. 그렇게 견디기 어려웠을 때 이 아이가 배 속에서 자라고 있었어요. 하루가 다르게 불러오는 배를 보면서 남편을 언제까지나 원망만 하고 있을 수는 없었지요."

"마음고생이 심했겠군요."

"남편은 나 이외에 어떤 여자와도 만나지 않는다고 했지만 그 말 자체를 믿지 못했어요. 그래서 남편이 조금만 집에 늦게 오면 사사건건 따졌어요. 그 여자와의 관계를 정리하지 못한 채 나와 만난 것부터 불쾌했으니까요. 생각해보세요. 저 모르게 남편이 밖에서 누구를 만난다고 생각한다면 어떤 마음이 들겠어요. 그런 도중에 태어난 이 아이마저 아빠를 판에 박은 듯이 닮았지 뭐예요. 가족들은 좋아했지만 저는 아니었어요. 아이를 볼 때마다 아빠를 꼭 빼닮은 모습이 그냥 싫었어요."

"아, 그랬었군요."

사랑과 가장 가까운 호르몬인 '옥시토신(oxytocin)'은 사람과 사람 사이의 '친밀감'을 만들어준다. 그런데 '신뢰감'을 형성하지 못했을 정도로 엄마가 아이를 싫어했다면 남편에 대한 원망이 얼마나 컸나를 우려와 함께 짐작할 수가 있다.

"그럼, 시부모님이나 가족관계는 어땠나요?"

"내가 시아버지를 만나서 고자질을 했더니 남편을 불러서 몇 번 호되게 나무랐어요. 그 여자를 만나지 않느냐고요. 하지만 남편이 딱 잡아떼니까 어쩔 수가 없었겠지요. 그렇게 몇 년을 보냈어요. 긴 시간이었지요. 그러다가 어느 날 그 여자가 다른 곳으로 시집을 가면서 우리 가정에도 평온이 왔다고나 할까요."

"늦었지만 퍽 다행스러운 일이네요"

"그 뒤로 아무 일 없이 잘 살아왔다고 생각했는데 이제 와 신병 검사에서 이런 통보를 받으니 저로서는 마른하늘에 날벼락을 맞는 기분이에요. 정말 저는 어떻게 해야 할지 모르겠어요. 아이가 이렇게 된 것은 모든 게 제 탓만 같아서 더욱 괴롭고요.”

"참, 그렇겠군요.”

"왜, 이런 일이 우리 가정에 일어나야 하는지?”

"그렇지만 너무 상심하지 마세요. 정신적인 문제가 아주 없는 사람은 이 세상 어디에도 없어요. 치료를 받으면 곧 낫게 됩니다. 오늘날은 대뇌 과학이 워낙 발달하여서 회복도 빠릅니다. 우리나라에는 병원마다 컴퓨터단층 촬영장치(CT), 자기공명단층 촬영장치(MRI), 양전자방출단층 촬영장치(PET)등을 비롯하여 치료에 필요한 모든 장비를 두루 갖추고 있으니까요.”

"거듭 말씀드리지만 아이가 이렇게 된 것은 엄마 책임이 크다고 하던데요. 맞지요, 박사님?”

"글쎄요…. 뭐, 거기까지는? 그렇지만 환경이 중요한 것은 맞아요. 인지 및 행동주의 치료에 관해서도 왓슨(John B. Watson)이 말했지요. "나에게 열 아이를 주면 그대가 원하는 대로 키워 주겠소.”라고 했어요. 그만큼 6세 이전의 아이에게는 환경이 중요하다고 말한 것입니다. 그러나 모든 아이가 다 그런 것은 아닙니다. 제가 지금부터 두 사람의 이야기를 하겠습니다. 비교해보면 도움이 될 것입니다. 한 사람은 어려운 환경에서 역경을 이겨낸 안데르센(Hans Christian Andersen)의 이야기이고, 또 다른 사람은 부정적인 정서로 인하여 우리 곁에 힘들게 살다간 마릴린 먼로(Marilyn Monroe)입니다.

우리에게 영원한 꿈과 희망을 보여 주었던 안데르센은 1805년 매춘부의 아들로 태어났습니다. 포주인 외할머니가 어머니인 딸에게 윤락 행위를 시켰었지요. 그러다가 결혼하였던 군인 남편, 즉 아버지가 광기의 발작을 일으켜서 자살하게 됩니다. 뒤를 따라 어머니마저 알코올 중독으로 죽게 되지요. 이처럼 아버지와 어머니를 한꺼번에 여윈 안데르센은 고아와 다름없는 비운의 어린 시절을 중독, 폭력, 매춘, 가난과 함께 보냅니다. 그러나 그는 남달랐어요. 열심히 책을 읽고 시를 쓰면서 오늘날 전 세계인들에게 존경과 사랑을 받는 사람이 되었지요."

"네, 저도 안데르센을 알아요. 그의 소설을 읽었고요. 성냥팔이 소년과 또 뭐가 있더라…?"

"맞아요. 그 사람이지요. 그러나 모든 사람이 안데르센과 같은 것은 아니지요. 제가 지금 또 한 사람의 이야기를 하려는데, 이 사람은 전 세계의 남자들에게 많이 사랑받았던 인물이지요. 하지만 숱한 남성들에게 부정적인 사고를 갖고 힘겹게 살다간 마릴린 먼로입니다. 그는 고아원을 거치면서 16세에 결혼을 합니다. 그러나 4년 만에 이혼하지요. 두 번째 결혼은 미국의 '야구영웅'이며 전설의 타자 조 디마지오(Joe DiMaggio)와 했는데 그와도 오랫동안 살지 못하였습니다. 세 번째로 『세일즈맨의 죽음』으로 유명한 '아서 밀러(Arthur Miller)'와도 사귀었지요. 또한 죽은 뒤에 알려진 천재 과학자인 아인슈타인(Albert Einstein)과도 좋은 사이였다고 합니다. 그는 타고난 미모에 사진 모델과 영화배우로서 인기를 누렸지만, 죽는 그 날까지 결코 행복하지는 못했다고 알려졌어요. 우리가 애완동물을 보고 "주인이 두 번 이상 바뀐 경험을 한 애완견은 더 이상 애완견의 역할을 하지 못한다"라고 하지 않습니까? 인간이라면 말로 다 할 수 있겠습니까? 그런 그의 삶은 언제 어디를 가도 우울하였지요. 어린 나이에 고아원을 전전한 것이나 아홉 살에 이웃집 아저씨에게 성폭행을 당한 것은 그를 죽는 날까지 슬프게 했겠지요."

"그래요. 저도 그분에 대해서 들어서 많이 알고 있어요."

"이 둘을 놓고 학자들의 평가는 저마다 다릅니다. 정신분석학자들은 불우한 환경을 오늘날의 연금술에 비유하지요. 16세기의 연금술사 파라켈수스(Paracelsus)가 말하기를 모든 종류의 물질은 수은, 유황, 소금으로 환원될 수 있으며, 이 세 가지 물질을 어떤 비율로 결합하느냐에 따라 황금을 얻을 수 있다고 했습니다. 인간의 정신도 이와 같다면서 원래 타고나는 충동인 성적 욕망과 공격성, 거기에서 파생되는 분노와 불안 등을 어떻게 처리하고 사느냐에 따라 그 사람의 발자취가 평가된다고 했지요. 그래서 그 사람의 성장 과정을 돌아보면서 우리는 금이 될 수도 있고, 구리가 될 수도 있다고 했습니다.”

“그렇다면 그들이 말하는 연금술사는 부모가 되겠네요. 그래요. 맞지요, 박사님! 누구나 초기에 받는 사랑과 보살핌, 정서적 교감에 따라서 아기가 자라지 않겠어요. 그렇다면 아이를 키운 사람으로서 자연스럽게 어머니가 원인이 될 것이고 두 번째가 개인의 성향이라고 봐야지요. 그래서 태어나면서 어머니에게 받는 사랑은 수동적이고 무력한 상태였다면, 이제 성인이 되면서 주도적이고 자율적인 영향을 가지는 것이 그 사람의 운명을 결정짓는 것이라는 말이 맞겠네요.”

“……..”

“그렇다면 우리 아들도 지금부터라도 어떻게 사느냐에 따라 금이 될 수도 있고 은이 될 수도 있다는 말씀이지요?”

“그럴 수 있습니다. 안데르센의 삶을 살아가든지 아니면 마릴린 먼로처럼 불우한 인생을 이어 가는지는 전적으로 본인의 선택이라고 보아야겠지요. 그렇게 보면 살아가면서 그 어떤 문제가 없는 삶이 과연 어디에 있겠습니까? 모두 자기가 어떻게 다스리고 살아가느냐에 따라서 다르겠지요.”

“네. 박사님 말씀을 들을수록 마음이 무겁군요.”

마음을 움직이는 최면과 결혼

열넷.
가족 세우기

절망하지 마라. 종종 열쇠 꾸러미의
제일 마지막 열쇠가 자물쇠를 연다.
— 체스터 필드(Philip Chesterfield)

아침저녁으로 기분 좋은 바람이 부는 초가을이다. 하늘은 한층 더 높고 푸르다. 내가 선 이곳에서 해운대 바닷가를 바라보고 있으면 하늘 반, 구름 반이다. 동백공원을 한 바퀴 돌아서 집에 도착하니 흰색 상·하의가 잘 어울리는 여성이 기다리고 있었다. 내방한 이유는 시어머니와의 갈등 때문이란다. 그는 이야기를 이렇게 이어갔다.

"그저께 일이었어요. 여고 동창을 만나고 집에 왔는데 시어머니가 삿대질하면서 화를 냈어요. 가끔 그러는 일은 있었지만, 이렇게 큰소리치는 일은 일찍이 보지 못했어요."

"그런 일이 있어서 마음이 많이 불편했군요."

"맞아요. 참을 수밖에 없었지만, 내 나이가 얼마인데 언제까지 이런 대접을 받고 살아야 하는가를 생각하니 무척 화가 났어요."

"그랬었군요?"

마치 기차 화통을 삶아 먹은 것처럼 크고 빠르게 말하더니 이내 또 울먹거린다.

"그날 밤 제가 남편에게 따졌어요."

"그랬더니 뭐라고 하던가요?"

"'아버지가 돌아가시고 어머니가 부쩍 잔소리가 더 많아진 것 같은…데?'라고 하고는 더 이상 아무 말이 없었어요."

유진 폴리(Eugene Polleu)가 습성에 대해서 한 말이 떠올랐다. 그는 시냅스와 관련한 '습관의 비밀'을 밝혔다. 습관의 기억을 담당하는 뇌는 탁구공 크기의 기저핵(basal ganglia)에 있다. 기저핵은 무언가를 삼킨 후 호흡을 조절할 때나 주위 자극에 놀랐을 때 활성화되고 반응한다. 기저핵의 이러한 패턴을 유지하기 위해서는 첫째, 습관적 행동을 촉발시키는 감각적 전달 신호가 있거나 둘째, 그 감각 패턴이 구체적이어야 하며 셋째, 감각으로 일어나는 행동을 통해서 정신적 보상을 얻어야 뇌의 가소성과도 연계됨으로써 '생각과 활동을 통하여 뇌 스스로의 기능과 구조를 변경할 수 있다'라고 하였다.

"그럼 남편도 평소 시어머니의 행동을 알고 있었나요?"

"네. 짐작은 하고 있었겠지요."

"언제부터 그랬나요?"

"시집을 오면서부터 시어머니가 결혼을 반대하였다는 소리를 들었어요. 그렇지만 그 뒤에나 지금이나 남편은 일체 모른 척 말을 안 해요."

"그랬었군요. 남편이 아무 반응을 안 하면 기분이 어떤가요? 혹은 다른 감정이나 느낌 같은 것이 마음으로부터 올라오는 것은 없나요?"

"왜 그러지 않겠어요. 화가 나지만 무슨 말을 해봤자 대꾸가 없으니까 참는 거지요. 한마디로 말해서 그이는 마마보이예요."

"왜, 그런 생각까지 하시나요? 어머니의 입장으로 보면 요즘 보기

　　　　　　　　　　마음을 움직이는 최면과 결혼

드문 효자가 아닌가요?"

누군가에 이유 없는 분노가 끓어오르면 그것은 그 사람의 문제가 아니라 나의 문제이다. 내가 약하기 때문이고, 내가 소심하기 때문이며, 그리고 내가 당당하지 못하기 때문이다. 내가 상대방을 받아들이지 못하고 있다면 그 이유를 한 번쯤 다시 재점검하여야 한다. 그게 시어머니에 대한 부정적인 생각 때문인지 그리고 무엇과 연계되어 있는지 느낌이라도 알아차려야 한다.

"그렇다면 이런 문제가 있기 전에는 다른 문제가 없었나요?"

"아니 아주 없지는 않았지만 이번처럼 참을 수 없을 만큼은 아니었어요."

"이제는 더 이상 참기 어렵다는 말로 들리는데 그렇다면 무슨 다른 생각이라도 있는 겁니까?

"별거라도 해야겠다는 생각이 들어요."

"만약 그렇게 한다면 남편이 뭐라고 할 것 같은가요?"

"남편은 내가 말은 이렇게 하지만 아마 그러지 못할 것이라 생각할 겁니다."

"그건 왜죠?"

"그래도 저는 남편을 사랑하거든요."

남편이 되어서 이런 아내를 보게 된다면 과연 어떤 생각이 들까? 아마 아내보다 더 힘들지도 모른다. 바깥일을 하다가도 언제나 마음이 편하겠는가? 아마 어디를 가도 마음이 불편해서 안절부절못하게 될 것이다. 이쪽을 보면 아내이고 저쪽을 보면 이 세상에 하나뿐인 어머니가 아닌가? 그런 사람들이 옥신각신하고 있다고 생각하면 얼마나 마음을 졸이게 될까? 그러나 이유야 어떻든 두 사람은 남은 인생을 같이해야 할 한 가족들이다. 그렇다고 당장 남편이 어머니 편을 들게 된다면 아내가 얼마나 서운해할까? 반대로 아내 편을 든다면 연로한 어머니는 또 어떨까?

　그러나 그 어떤 이유를 대서더라도 아들은 어머니의 편을 들어야 한다. 그렇지 않겠는가? 누가 들으면 원칙론을 말한다고 할는지도 모르겠지만 결국 아들을 낳고 키운 사람은 누구겠는가? 집안에서 살림하고 평생을 함께 살아갈 아내도 중요하겠지만 이제까지 나를 키워낸 부모가 우선이다. 속된 말로 아내 편을 들다가 스트레스로 어머니가 세상을 떠나기라도 한다면 어찌 되겠는가? 살아생전 무엇을 해도 편하지 않을 것이며 이승에 있는 동안은 한을 지고 살게 될지도 모른다.

　그리고 나이 많은 노모는 어제오늘을 모른다. 그래서 그런 마음을 두고 사는 부모가 자식이 없는 셈 치고 버리겠다고 생각한다면, 부모에게 버림받고 사는 자식처럼 이 세상에 서글픈 일이 또 어디 있겠는가?

　그래서 자식은 항상 마음 한구석에서 "나는 여기에 속하겠다, 그리고 어떤 운명이든 가족과 함께하겠다"라는 생각을 하면서 살게 될지도 모른다. 그러나 이런 마음을 가족들이 몰라준다면 아들은 밖에서 늘 술과 괴로운 나날을 보낼 것이다. 그러다가 어느 날 이 세상에 살아서 뭐 하겠느냐고, 또는 가족에게 짐이 된다고 생각한다면 과연 어쩌겠는가?

　우리의 양심이라는 것은 단순하게 생각하듯이 그냥 낱개가 아닌 한 묶음으로 되어 있다. 어쩌면 세상에 살아가는 것이 마치 큰 짐을 지고 사는 것일 수도 있다. 또 이러한 느낌은 부모의 기대에 맞추어 사는 즉 그 '역경'을 딛고 일어난 자식일수록 더하다. 그런 자식이라면 자식의 귀에는 항상 어디를 가더라도 생생하게 들릴 것이다. "내가 너를 어떻게 키웠는데…." 그렇다면 그 말 앞에서 자유로울 수 있는 자식은 이 세상 어디에 있겠는가?

　그러면 이러한 때 자식들은 부모에게 엄청난 빚을 진 것 같은, 또 그 어떤 핑계나 그 어떤 변명도 할 것 없이 무슨 행동이라도 해야 할 것 같은 생각이 들 것이다. 이제 남편 이야기는 이 정도로 하고 며느리의 이야기를 좀 해야겠다.

예로부터 여자가 시집을 가면 모든 것을 삼가고 금해야 할 것으로, 첫째로 남편과 시어머니 사이를 시기하는 것이고 둘째로 나이 들어서 며느리와 아들 사이를 질투하는 것이다. 이는 고대로부터 사대부 집안에 내려온 일종의 관습이었다. 그렇다면 이런 관습은 어떻게 만들어졌을까? 그 어원을 알 수는 없으나 가부장 제도의 원년으로 볼 수도 있을 것 같다.

당시에는 남성이 밖에서 일하고 아내와 시어머니가 집에서 살림을 하였으니 살림을 관리할 아내와 시어머니가 잘 지내면 어떻게 되겠는가? 서로가 경계하지 않으니 가산이 줄 것이고 그러면 낭비가 심할 것이니 이를 당시 사람들이 간과하지 못하였을 수도 있다. 그래서 고부간의 갈등을 조장하였을 것으로 생각되는 부분도 있다. 이러한 이유로 며느리에게는 늘 어려서는 아버지에 의지하고 커서는 남편에게 의지하며 남편이 없으면 아들에게 의지하도록 대물림을 만들었는지도 모르겠다.

"시어머니가 언제부터 미웠어요?"

"미워한다기보다 사사건건 무슨 일에나 참견하는 것이 이제 정말 싫어요."

"주로 무엇을 가지고 참견을 많이 하나요?"

"반찬, 옷 입는 거, 뭐 말로 다 할 수가 없네요."

"이해가 갑니다. 그럼 시어머니가 앞으로 어떻게 해주기를 바라나요?"

"전 특별히 무엇을 바라지는 않아요. 그냥 이제부터라도 미주알고주알 남편에게 고해바치시는 습성만이라도 없었으면 좋겠어요."

"남편에게 잘 일러바치시나요?"

"지금까지 모른 척하고 살아왔어요. 하지만 제가 모르겠어요? 그냥 못본 척했을 뿐이지요. 물론 시어머니가 그렇게 해도 남편이 못 들은 척하고 지내니까 나도 그냥 모른 척했던 것이지요. 그리고 생각해보세요. 이 나이에 늙은 시어머니 모시고 살아가는 사람이 요즘 그리 흔하나요?"

"그건 그래요. 요즘 시어머니를 모시는 사람이 몇이나 되겠습니까? 대체로 조금만 불편하면 요양원에 보내는 세상인데…."

"그렇지요. 그래요. 그게 맞겠지요. 선생님! 아무튼 이렇게라도 말하고 나니 제 속이 한결 편해진 것 같아요."

"그렇습니까? 그건 퍽 다행스러운 일입니다."

이런 가정일수록 옆에서 눈치를 보고 사는 남편은 어디를 가더라도 마음이 편치 않을 것이다. 어떻게 세월을 보내겠는가? 그러다가 화병이 들면 결국 누가 손해인가? 이를테면 시어머니는 나이가 들면 얼마 안 되어서 돌아가실 것이니 남은 것은 아내다. 아내는 병든 남편을 봉양하려니 얼마나 외롭겠는가? 그렇지만 이미 때는 늦었다. 이런 셈법도 모르는 아내가 아직 우리 곁에 있다면 어떻게 해야겠는가?

그때는 하는 수 없이 며느리의 머리가 나쁘거나 감정조절이 잘 안 되는 사람이라고 생각하고 시어머니가 대승적인 결단을 내려야 한다. 앞뒤가 꽉 막힌 며느리를 이기려고 들다가는 사랑하는 아들을 잃을 수도 있다. 그러면 아내는 남의 집에 시집을 온 것이니 홀연히 가버리면 그만이지만 아들은 누구의 자식인가? 결국 며느리를 잘못 들인 탓으로 여기고 하루빨리 한 발을 뒤로 물러서야 한다. 인간은 자아가 고정된 것이 아니라 역동적이며, 그것은 행동이 이루어지는 원리이기도 하다. 그것뿐인가? 불변하는 육체도 끊임없이 움직이는 강이다. 피부는 매달 새롭게 태어난다. 6주마다 새로운 간을 가지게 되고 3주마다 새로운 골격을 가지게 된다. 몸의 원자 중에 98%가 1년 전에는 그 자리에 없었다.

"요즘 남편의 건강은 괜찮은가요?"

"썩 좋은 편은 아닌 것 같아요."

"그러는 부인은요?"

　　　　　　　　　　　　　마음을 움직이는 최면과 결혼

"그런대로 지낼 만해요."

"다행입니다."

어떤 경험을 하고 사느냐에 따라 뇌가 변하는 것은 우리의 삶에서도 중요한 의미를 지닌다. 시어머니와 며느리가 주고받는 말에서 긍정적인 감각을 경험하게 되면 뇌 역시 긍정적인 변화를 주도할 것이지만 만약 정반대 방향이라면 뇌의 구조는 불안전하거나 부정적인 영향을 미치게 된다. 그래서 속된 말로 스스로 생각의 알을 깨면 생명을 얻지만 남으로부터 깨고 나오면 반숙이 된다. 이처럼 내담자가 어떤 감각을 경험하고 사느냐에 따라서 시냅스가 변하거나 축색의 수초화 현상이 일어나며 수상돌기 가시(dendritic spines)에 변화가 일어난다.

"자. 그럼 좋아요. 지금부터 시어머님이 비난할 때 마음속에 떠오르는 것들이 있으면 무엇이든지 생각나는 대로 말해보세요. 당시의 기분이나 느낌으로 돌아가서 갈등 장면을 바라보아도 좋고요."

나는 데이브 엘먼(Dave Elman) 선생이 사용했던 급속 유도법 중 하나인 '3분 루틴'으로 최면을 시작하였다. 1번, 호흡을 들이마시고 내쉬세요. 2번, 눈을 감습니다. 3번…. 이런 식으로 마음을 다스리게 하였다. 그는 예상보다 잘 따라 하였다.

"……."

"시어머니와 다투었던 때의 모습이 상기됩니까?"

"네."

"그럼 지금 어떤 느낌인가요?"

"가슴이 조금 답답해요."

"그럼 좋아요. 리그레션(퇴행적 최면요법)은 최면과 컨빈서의 작동 원리에서 모델링으로, 그리고 모델링에서 NLP(Neuro−Linguistic Pro gramming)로 이어집니다. 그리고 이 구조를 트랜스 상태라고 합니다. 사람들은 자신이 가진 풀리지 않는 문제가 있을 때 그것을 해결하기 위한 원인이 있을 것이라고 가정합니다. 그것을 트라우마라고 말하지요. 어릴 때 어떤 사건이 있었고 그 상처가 해결이 안 된 채로 남아 있어서 지금 나에게 이런 문제가 발생한다고 논리적으로 설명하는 것입니다."

"그럼 제가 지금 리그레션을 하는 것입니까?"

"조금 전에 짧기는 하지만 파트 테라피로 감정에 대하여 어느 정도 해소하였기에 이제는 EFT(감정 자유기법)를 가정에서도 할 수 있도록 도와줄 것입니다. 이는 수치감이나 공포를 치유하는 프로그램입니다. 우리의 몸에는 누구나 에너지가 흐르지요. 그 지점을 경혈이라고 하는데 14자리를 손가락으로 툭툭 두드려서 증상과 관련된 말을 하면 상처받은 에너지가 교정될 수가 있어요."

"네."

"자, 묻겠습니다. 이제부터 시어머니에 대한 마음의 고통을 0점부터 10점까지 점수로 줍니다. 0점은 하나도 없는 상태이고 10점은 가장 높은 것입니다. 그럼 시어머니의 영상을 떠올릴 때 고통지수는 얼마인가요?"

"약 7~8 정도인 것 같네요."

"좋아요. 그 점수를 잘 기억하고 있다가 관련된 말을 해봅시다. '비록 시어머니를 보면 불안이 올라오지만 이런 나 자신을 완전히 받아들이고 사랑합니다.'라고 해봐요."

"비록 시어머니를 보면 불안이 올라오지만 이런 나 자신을 완전히 받아들이고 사랑합니다."

"잘했어요. 그럼 그 말을 여기에 적어둡시다."

그에게 메모지를 내어 주었다. 보통 최면이나 EFT 작업을 받으러

가는 사람은 무의식 속에 무언가 원인이 있으리라는 기대를 한다.

"그다음은 손가락으로 두드릴 자리를 순서대로 정합니다. 먼저 손날 부위를 두드리고, 다음에는 눈썹 안쪽 끝, 다음은 눈가 바깥쪽, 눈 밑, 코 밑, 입 바로 아래쪽…."

두드릴 위치를 점검하였다.

"그리고 다음은 쇄골의 아래쪽, 겨드랑이에서 약 10cm 아래, 명치 위로 10cm에서 좌측 옆구리 쪽으로 5cm 지점, 다음은 엄지손가락 옆 지점, 검지, 가운뎃손가락, 새끼손가락, 그리고 손날. 이렇게 14군데입 니다. 적은 대로 따라 하세요."

"비록 시어머니를 생각하면 불안감이 올라오지만 이런 나를 진심으 로 받아들이고 사랑합니다.'"

"자, 잘했어요. 지금부터 한번 말을 줄여서 해 봅니다. 시어머니에게 받은 수치심 그리고 불안"

"시어머니에 대한 수치심과 불안."

"자, 이제부터 눈을 감고 시어머니에게 받은 불안과 수치심을 떠올 려보세요. 지금은 얼마인가요?"

"조금 전보다는 줄었어요. 약 3~4 정도?"

"그럼 다시 한번 해봅니다. 이번에는 말을 바꿔서 이렇게 하세요. 시어머니 말씀이 불편했지만, 자신을 받아들이고 사랑합니다."

"시어머니가 불편했지만, 자신을 받아들이고 사랑합니다."

손날로 시작하여 눈썹 안쪽 부위를 두드렸다.

"이제 되었습니다. 눈을 감고 생각해봐요. 수치심이나 공포가 몇 점 정도이지요?"

"거의 사라진 것 같아요."

"그럼 이제부터 줄인 '시어머니 앞에서의 공포'라고 해도 되나요?"

(앞선 EFT 행동을 반복하며)

"그렇지요. 그렇게 하면서 감정을 살피는 겁니다. 이제 시어머니에 대한 불안감이 없어진 것 같아요?

그렇습니까? 그럼 다행입니다. 그러나 언제든지 감정이 올라오거나 하면 EFT를 멈추지 마세요."

"네, 그렇게 하겠습니다."

마음을 움직이는 최면과 결혼

열다섯.
진짜 마음, 가짜 마음

걱정은 내일의 슬픔을 덜어주는 것이 아니라
오늘의 힘을 앗아간다.
― 코리 덴 붐(Corrie Ten Boom, 1892~1983)

따뜻한 봄날이었다. 날씨는 만물을 소생하기 위해서 우리의 마음을 훈훈하게 한다. 해운대 바닷가에도 전년도처럼 한 치의 어김 없이 봄이 찾아왔다. 건물 밖에는 겨울 동안 들리지 않았던 아이들 웃음소리가 들리고 사람들의 옷차림도 많이 밝아졌다.

그런 날씨와는 무관하게 나를 찾아온 여성은 이마에 난 주름만큼이나마 수심이 가득하여 보였다. 그가 밝힌 이야기는 이러하였다.

그가 초등학교 4학년 때의 일이었다. 중학교 2학년 사촌오빠가 짓궂은 짓을 해서 그러지 말라고 해도 억지로 손을 치마 속에 넣었다. 당시 어렸을 때는 그때의 심각성을 모르고 지냈지만, 시간이 지날수록 그 일이 오랫동안 머리에 남아 있었다.

그러다가 중학교에서 여행을 가는 날, 담임선생님이 숙소로 불러서 갔더니 그의 입을 손으로 틀어막고 온몸을 더듬어 나갔다. 갑자기 당

133

한 일이라 어떻게 대처하여야 할지 몰라 당황하다가 그곳을 나왔는데 그 뒤부터 남자를 대할 때마다 뭔지 모를 두려움이 생겼다.

그 뒤에도 선생님에게 여러 번 불려갔다. 가까이 가지 않으려고 했지만 어쩔 수 없이 가야 할 때는 잔뜩 선생님을 노려보다가 나왔다. 그럴 때마다 선생님은 긴 막대기로 그녀의 몸을 여기저기 밀치거나 당기면서 더듬어 나갔는데 그런 일이 있었던 후부터는 왠지 모르게 무슨 일을 해도 실수가 많았고 집중도 잘 안 되었다.

그녀는 형제 중에서도 유독 예쁘다고 귀염을 독차지하면서 자랐는데 언제부터인가 자살 충동까지 느끼게 되었다. 그러다가 나이가 들어서 가족들의 권유로 한 남자와 결혼을 했는데 지인으로부터 남편이 외도하였다는 사실을 알게 되고부터는 잠자리에서 이유 모를 악몽에 자꾸 시달렸다.

그녀는 작은 일에도 짜증이 나고 무슨 일을 해도 금방 화가 나거나 가슴이 울렁거려서 정상적인 생활을 못 하겠다고 하면서 나를 찾아왔다. 나는 그때부터 그의 이야기를 하나에서 끝까지 들어주면서 시간을 보내었다. 그러면 그는 무엇을 이야기했는지 모를 많은 말들을 이것저것 쏟아내면서 이야기를 이어갔다. 그리고 나는 언제부터라고 해야 할지 모를 어떤 시기에 상담에 대한 노하우가 하나 생겼다. 내가 하고 싶은 말이 없을 때는 막연하게 불안한 심정으로 시간을 보내곤 했는데 그를 만나고부터는 내담자에게 집중하는 버릇이 생겼다. 그리고 '본인이 가장 듣고 싶어 하는' 말을 해주게 되었다.

물론 본인이 가장 듣고 싶어 하는 그 한마디를 찾아내는 것이 그리 쉬운 일은 아니지만, NLP에서 말하는 메타인지를 터득하는 노하우가 생겨난 것이다. 이렇게 해서 그와의 만남이 몇 달 채 이어가는 즈음 어느 날 그가 내게 다음과 같은 말을 하였다.

"선생님 정말 고마웠습니다. 그 누구도 제 말을 끝까지 경청해주지 않았는데 선생님은 달랐습니다. 끝까지 제 말을 공감하시고 경청해주셨습니다. 고맙습니다. 마음이 한결 편해졌습니다. 이제 용기를 가지고 새롭게 살 수 있을 것 같습니다. 그동안 고마웠습니다. 그럼 내내 안녕히 계십시오."

그는 이렇게 집으로 돌아갔다. 돌아가고 난 뒤에도 그가 말하는 새로운 삶이라는 말의 의미를 잘 이해하지 못하고 있을 즈음에 이번에는 정반대되는 한 내담자가 찾아왔다. 그도 남편의 외도 때문에 왔단다. 나는 우선 다음과 같이 질문을 이어나갔다.

"무엇 때문에 오셨습니까?"

"⋯⋯."

그가 아무 말도 하지 않고 머뭇거렸다.

"그러면 여기에 온 목적은 무엇인가요?"

"⋯⋯."

이외로 수줍음이 많아 보였다.

"알겠습니다. 그러면⋯."

"실은, 제가 일곱 살 때부터 이웃집 오빠로부터 성적인 학대를 받아왔습니다. 말하자면 일주일에 두서너 차례 성희롱이나 섹스를 강요당했지요. 그때마다 무척 두려웠지만 좋아하는 오빠와의 일이라 참을 수밖에 없었어요. 그러다가 얼마 뒤 오빠가 큰 도시로 이사를 한 뒤 그 그늘에서 벗어날 수가 있었고요."

"늦었지만 퍽 다행스러운 일이군요."

"그렇지만 사실, 저는 이 나이가 될 때까지 혼자서 산 것은 아니에요. 남에게 의존하거나 위로를 받고 싶어서 남자와 항상 동거했습니다. 그랬지만 그때마다 이웃 오빠에게 당하던 때의 불안이 올라오거나 당시의 악몽 같은 것이 되살아났습니다. 기억하지 않으려고 무척 애를 썼지만 쉽지 않았습니다. 뭇 다른 남성들과의 만남이 있을 때마다 이유 모를 두려움을 느끼기도 했고요. 그런데 중요한 사실은 남자들이 하나같이 얼마 지나지 않아서 나를 떠난다는 것이었습니다."

"저런, 그런 일들이…?"

"네, 그래서 결혼한 뒤 어떻게 해서라도 이 남자와만은 잘해 보려고 노력을 했지만 결국 마찬가지였어요. 굳이 말을 하자면 남편의 외도를 알게 된 후에도 내 딴에서는 남편을 탓할 수만은 없었습니다. 그런 말 있잖아요. 낮에는 양귀비가 되고 밤에는 요부가 되라는 말이요. 그렇지만 그건 내 생각뿐이지 남편에게 아무 소용이 없었습니다. 남편에게 다가가는 일은 무엇이든지 쉬운 일이 하나도 없었습니다. 가끔 이래서는 안 된다는 생각은 하곤 했지만 그게 마음뿐이지 실상은 마찬가지였습니다. 그래서 그런지 지금은 이유 모를 눈물이 자꾸 납니다."

그가 말을 꺼냄과 동시에 마치 절벽에서 폭포가 쏟아지듯이 눈물이 떨어졌다.

"선생님 이것은 강박인가요, 아니면 무엇인가요?"

"상처가 생각보다 깊었나 보군요."

"그럼 제가 앞으로 어떻게 해야 할지를 먼저 말해주세요. 그리고 저를 어떻게 도와주실 것인지도 말씀해주시면 안 되나요?"

심리학에서 '문제를 진심으로 해결해 줄 수 있는 틀을 가진 것은 어쩌면 클라이언트(client) 자체일 것이다.'라는 말이 생각났다. 그의 사정에 내가 나서서 무슨 말을 할 처지도 지금은 아니었다.

"그렇습니다. 저도 도움이 되도록 최선을 다할 것입니다만, 가장 중요한 것은 문제에 대하여 최고의 전문가는 본인이라는 점을 잊지 마시기를 바랍니다. 저는 내담자를 도와주는 한 사람의 조력자에 불과하고요."

"네, 맞아요. 그것은 그렇겠지요."

"또 누구라도 상대의 마음을 아주 모른다는 것입니다. 모르니까 두려움의 근원도 모를 수밖에 없겠지요."

"네. 그러면?"

"뇌는 과거의 불안이나 공포감을 가지고 있으면 그것을 해결하기 위해서 해마나 편도체에서 작동하여 기저핵(basal ganglia)에서 증상을 동반할 수가 있는데 지금 틱 증상과 비슷한 강박이 보이는 것은 어쩔 수 없는 자책과 같은 것일 수도 있겠네요."

우리 몸에서 일어나는 정보전달 물질은 많아도 문제이고 또 적어도 문제이다. 그래서 정보전달 물질은 '균형'이 아주 중요하다. 지금 내담자는 좋을 때의 호르몬이나 나쁠 때 호르몬의 양이 일정하지 않다. 부정적인 호르몬이 덜 분비되도록 해야 한다. 그러려면 도파민과 노르아드레날린, 세로토닌은 중뇌에서 일어나고 감정이나 정서에 깊이 관여하고 있으므로 도파민과 같은 호르몬의 분비를 촉진해서 '쾌감'을 추구하여야 할 것이다.

"그럼 요즘 수면은 어떻게 충분히 취하십니까?"

그의 얼굴이 부스스한 것을 보고 한편으로 걱정이 되어서 물었더니 생각대로 잠을 제대로 자지 못한다.

"그게 그렇게 괜찮으면 제 얼굴이 이렇게 부스스하겠습니까?"

"수면과 각성은 중요합니다. 시상하부에 있는 시교차상핵(Suprchias matic nucleus)이 수면, 각성, 호흡, 체온 등의 생체리듬을 조절합니다. 중요한 것은 수면은 비램(RAM)수면에서 램수면으로 가고 다시 비램수면으로 이어졌다가 램수면으로 5~6회 반복한다는 것입니다. 이때 각성은 망상체(뇌간 영역)에서 유도됩니다. 물론 그때도 수면에서겠지요."

"네."

"뇌는 상상하는 것과 실체를 구분하지 못합니다. 아니, 상상이 실체가 되는 것이지요. 레몬을 상상하는 것만으로도 침이 고이고, 좋아하는 사람을 생각하면 실제로 만나는 것처럼 기분이 좋아지지요. 인간은 실체가 아닌 상상에 반응한다는 것입니다. 아주 짧은 순간이지만 오감을 통하여 외부에서 입력된 정보는 삭제, 왜곡, 일반화가 이루어지게 됩니다. 그렇게 해서 머릿속에서 내 한 장의 이미지로 남는 거지요. 우리는 머릿속에 남아있는 이미지에 반응하는 것이니까요. 영토가 아닌 지도에 따라 행동하는 존재가 인간입니다."

"무슨 말인지 조금은 알 것 같습니다."

: 내 담자는 이중구속을 털어놓았다. 남편의 외도를 원망하려니 자신의 결혼생활이 파탄에 이를 것이고, 그렇다고 없었던 일로 치부하자니 마음이 도무지 말을 들어 주지 않는다. 우선 최면 감수성을 살펴보려고 양손을 마주 대고 가운뎃손가락의 길이를 비교해보게 하였다. 그런 다음, 눈을 감고 오른쪽 가운뎃손가락의 길이가 길어진다고 생각하게 하였다. 그는 잘 따라주었다.

"자! 지금부터 가운뎃손가락이 점점 늘어난다고 생각하세요. 그리고 점점 늘어나고, 마치 고무줄처럼 늘어나서 엿가락처럼 흐물흐물 거린다고 생각하는 겁니다."

이렇게 약 1분 정도 손가락이 늘어난다고 상상함으로써 손가락을 길게 늘어뜨리도록 하였다. 그리고 그의 눈을 뜨게 한 뒤에 가운뎃손가락을 맞추어 보게 하니 가운뎃손가락이 예상보다 훨씬 더 길어져 있는 것을 발견하고 놀랐다.

이 결과는 무엇을 말하겠는가? 바로 우리의 마음이 몸의 한 덩어리를 이루면서 크게 영향을 준다는 사실이 입증되는 것이다. 생각해보아라! 상상만으로 근육이 반응하고 마음이 따라서 작용하는 것이다. 그런데 내담자가 이 사실을 알 리가 없다. 그의 눈동자는 그냥 커졌다. 놀란 표정이 역력하다. 왜냐하면 마음으로 그리고 생각만으로 자신의 몸이 변화한다는 것을 확인했기 때문이었다.

마음을 움직이는 최면과 결혼

: "**가**장 치유하고 싶은 것이 무엇인가요?"

나는 트랜스 상태를 유지하고 있는 그에게 물었다. 토마스 에디슨(Thomas Edison)은 '시작과 창조의 모든 활동에는 한 가지 기본적인 진리가 있는데 그것은 우리가 진정으로 하겠다고 결단을 내리는 순간, 그때부터 하늘도 움직이기 시작한다.'라고 하였다.

"남편에 대한 부정적인 감정이 해소되었으면 해요. 특히 외도에 대해서는 더 이상 생각하기도 싫어요."

"남편에 대한 의구심이 많은 것 같군요. 그럼 그 나쁜 마음이 얼마일까요? 0이면 하나도 불편하지 않은 것이고 10이면 죽을 만큼 불편한 것입니다. 지금 얼마나 불편한가요?"

"아마 7~8 정도인 것 같아요."

"그럼 남편과 같이 있을 때 불안한 정도는 얼마인가요? 0에서 10이라면?"

"음, 그것은 8~9 정도인 것 같아요."

"자, 이제부터 눈을 감고…. 크게 호흡합니다. 몸과 마음이 편안해진 상태로…. 그때 지우고 싶은 상황을 떠올려보세요. 그리고 그 상황 속으로 들어갑니다. 자, 이제 무엇이 보이나요? 어떤 사람이 옆에 있나요? 그리고 어떤 소리가 들리고 누군가 무슨 말을 하나요? 그때 기분이 어떤가요? 어떤 느낌이 듭니까?"

나는 차례로 그에게 묻기 시작하였다. 그리고 내담자에게 지금 나타나는 나쁜 생각이나 모욕적인 행동이나 수치감이 깊어질수록 그 당시와 연합을 이루고 있는 것이므로 치유에는 획기적인 도움이 된다고 설명했다. 당시의 상황과의 분리와 연합을 통하여 그녀는 이제 막 그를 트랜스 상태에서 마음속에 있는 또 하나의 분아(分兒)와 만나게 되었다.

"남편과의 그 장면에서 약 20m쯤 뒤로 떨어져 보세요. 어떻게 보이나요? 이제 약 백 보가량 뒤로 떨어져서 바라봅니다. 약 천 보가량 떨어져 봅니다. 그리고 더 멀리 뒤로…. 또 더 멀리…. 멀리 물러나서 봅니다. 이제 천장에서 바라보세요. 더 위로 올라가서 비행기 높이에서 바라보세요…. 더 멀리 구름 위에서 마음을 다잡고 그 사건이 있었던 곳을 한참을 바라보세요."

우리의 생각이나 상상은 사건과 거리가 멀어질수록 강 건너 불구경이 된다. 그러면 정서는 둔해지고 또는 없어지기도 한다. 이제 그 사건에 대한 정서를 바꾸어 보자. 멀어진 상태에서 새로운 상황과 연합하며 변화는 이어지게 된다.

"자! 이제부터 멀어진 그 장소에서 가장 즐거웠던 일들을 기억해보세요. 여행지도 좋고 사랑하는 사람들과의 추억도 상관없습니다. 무엇이든 좋아요. 당신이 즐거웠던 것이면 무엇이든 자유롭게 상상하도록 하세요. 그 장면 속으로 들어가 보아도 좋아요. 주변에 사람들이 있나요? 어떤 소리가 들리나요? 기분은 어떤가요? 어떤 냄새가 나나요? 생생하게 오감을 자극하도록 해보세요. 그때의 장면과 소리와 기분과 냄새가 모두 더 강하게 날수록 좋아요. 자! 이제 그 기분을 그대로 가지고 조금 전 떠올린 사건 속으로 들어가 봅니다."

"……."

열여섯.
부부간의 진정한 '앎'이란

마음의 문을 여는 손잡이는
마음의 안쪽에만 달려있다.
— 헤겔(Hegel, 1770~1831)

내가 있는 상담센터는 동백섬에서 불과 몇 발자국 떨어지지 않은 곳이다. 옛날에는 이곳이 어촌 마을이었는데 수년 전부터 바다를 매립해서 아파트를 짓고 관광단지도 조성하였다. 동백섬을 한 바퀴 돌아 센터에 도착하니 한 여성이 기다리고 있었다. 그는 부부 사이가 원만하지 못해서 찾아왔단다.

"무슨 말씀을 하고 싶은지?"

"우리는 속궁합이 맞지 않는 것 같아서요."

"구체적으로 어떤 것을 말하나요?

"……."

"그럼 다시 묻겠습니다. 당장 무엇을 해결하고 싶은가요?"

"우린 정말 맞지 않을까 해서요."

"……?"

이런 부부들의 성장해(性障害)는 몸과 마음으로 유추해볼 수 있다. 마음은 그 사람의 인식 차이이므로 몸과 분리해서 생각하기 어렵다. 그래서 그가 가지고 있는 신념에 따라 원인과 결과를 만들어 내며, 그럼으로써 결국에는 의미를 찾게 된다. 다니엘 G. 에이멘은 남성에게는 아름다운 외모나 망상이 항상 선호도를 높이는 조건이지만, 여성에게는 언어나 의사소통과 혹은 유대감이 먼저라고 말하였다.

그러나 어떤 여성들은 섹스가 부부 관계를 유지하는 데 도움이 되며 인간의 본능이라고 말한다. 남녀가 서로 느끼는 쾌감 외에도, 섹스 횟수가 수명과 정비례한다거나, 섹스가 인지능력을 향상시킨다는 등 섹스의 많은 장점이 학자들에게서 밝혀졌다.

그렇지만 섹스를 가볍게 보거나, 본능을 무시하고 살거나, 그 자체를 하지 않는 이들이 우리 주위에 엄연히 존재한다. 여기 내담자가 말하는 '섹스리스(sexless)'가 생기는 이유가 무엇일까? 결혼 후 섹스를 하고 싶다는 마음이 사라졌기 때문일까? 혹은 배우자가 아닌 다른 이와 섹스를 하고 사는 것일까?

이런저런 사실을 확실히 알 수는 없지만, 부부간의 섹스는 단순히 개인적인 욕구 충족의 의미를 넘어 상호 수용과 소속감, 일체감에 대한 열망을 만족시켜 주는 행동이라고 생각한다. 그래서 나도 이른바 '침대 혁명'이 필요하다는 것을 강조하고 싶다.

그렇다면 과연 그 이유를 어디에서 찾아야 하는가? 그것은 그리 어려운 일은 아니다. 지금부터 일부 사례를 통하여 언급했듯이 자신을 개방할 용기만 있으면 된다.

"항상 나는 남편에게 이용당하는 느낌이 들어요. 남편이 원하면 금방 준비가 되어야 해요. 여자들은 그렇지 않잖아요. 나를 좋아한다고 느껴지는 스킨십을 해주어야 하는데 그저 노골적으로 달려드는 것을 보면 마치 짐승 같아요."

"왜 그렇게 둔한지 모르겠어요. 아침에 나올 때 엉덩이를 건드리거나 키스를 해서 신호를 보내도 그날 잠자리에서는 그저께와 똑같아요. 왜 여자가 낮에는 양귀비가 되고 밤에는 요부가 되라는 것인지 모르나 봐요. 그러니 제가 거리에서 엉덩이가 큰 여자를 보면 자연스럽게 눈길이 가지 않겠어요?"

"저는 오르가슴(orgasm)이란, 단어조차 몰라요. 그에 대하여서는 정말 말하기도 싫어요. 남편이 절정인 것 같은 느낌이 들면 속은 기분이 들고요. 저는 하는 수 없이 오르가슴을 느끼는 척해야 해요. 행여나 남편이 자신을 즐겁게 해주지 않았다고 말하면 무척 마음이 불편하잖아요."

"나는 더 이상 이 여자와는 살기가 싫어요. 몇 년밖에 살지 않았는데 벌써, 세상 다 산 것 같아요. 잔소리 많이 하지요, 잘난 체하지요, 살은 쪘지요, 운동은 하지 않지요, 얼굴이나 옷에도 전혀 신경을 안 쓰지요. 언제까지나 이런 사람과 살아야 한다고 생각하면 지금부터 머리가 '띵' 해요."

"언제부턴가 그이가 오럴 섹스(oral sex)를 원해요. 그게 말이나 되나요? 사창가나 윤락가라면 모르지만 왜, 그 짓을 해야 하는지 저는 정말 모르겠어요. 이런 남편과 평생을 살려고 생각하니 정나미가 떨어지고 구역질이 나요. 선생님, 저는 정말 어쩌면 좋아요? 이제 남편을 보면 미칠 것 같아요. 부부는 정말 그것을 꼭 해야 하나요?"

"우리는 그냥 지내요. 그러나 성생활만 예외입니다. 그이가 잠자리에서 저를 원할 때면 마치 짐승 같아요. 그때부터 정신이 하나도 없고요. 언제까지 그 짓을 하고 살아야 하나요? 모든 사람이 다 그렇게 하고 사나요. 전 아프기만 하고 왜, 그래야 하는지 정말 모르겠어요."

"우리는 서로가 속궁합이 맞지 않아요. 저는 한두 시간 애무받지 않으면 아프기만 하고 싫어요. 남편은 갑자기 생각이 나면 무작정 돌진하고 사정을 하면 그냥 벽을 보고 돌아누워서 코를 골아요. 그러면 저는 어쩔 수 없이 흥분을 가라앉히기 위해 자위로 자신을 다스려요. 이럴 바엔 이 사람과 왜 결혼해서 사나? 싶기도 하고요."

이제부터 본격적으로 한 가지씩 섹스리스에 대한 이야기를 보충해보도록 하자. 흔히 우리가 섹스를 말할 때, 남자들은 사정을 억제할 줄 알면 섹스의 능력이 원만해지고 여자는 오르가슴의 횟수를 늘리는 방법만 알면 된다고 한다. 하지만 과연 그것이 전부일까? 그것만은 아니다.

또한 잠자리에서 가장 필요한 것이 남녀의 체위에 있는 것처럼 말하는 사람도 있지만, 그것은 난센스다. 절대 그렇게만 보아서는 안 되며 서로 충분한 교감이 이루어질 수 있을 때 체위의 중요성이 부합되고 오르가슴도 생기게 된다.

우리가 정작 운동을 자주 하거나 땀을 흘리면 몸이 날아갈 듯이 홀가분하지만, 그 기분이 오래가지 않는 것은 그 속에 다른 감정이나 정서가 들어있지 않기 때문이다.

섹스의 그 어떤 방향을 정하는 것은 의식이지만 실제 움직이는 것은 무의식임을 알아차려야 한다. 의식은 말을 모는 기수와 같아서 말이 가야 할 방향을 정하여 주지만, 그 말로 하여금 정확히 어디에 발을 디뎌야 한다고 가르쳐 주지는 못한다. 이는 무엇을 말하겠는가? 서로에 대한 무의식적 신뢰나 정서의 공유 없이는 아무리 여러 차례 섹스가 이루어지더라도 사랑이 작동하지는 않는다. 그렇기 때문에 부부 사이에 일어나는 성욕에 관하여, 마치 목이 마르면 마시는 음료나 아이가 울어서 달래는 사탕으로 해석해서는 안 된다.

> *"그때 어떤 감정을 느꼈나요?"*
> *"여보! 오늘 저녁 식사는 어떤 것이 좋아요?"*
> *"이번 휴일에는 어디 가고 싶은데 같이 갈 수 있어요?"*
> *"오늘 밤 어때요? 벌써 일주일이나 되었어요?"*

이렇게 부부가 은밀한 대화를 주고받으면서 마음이 합해져서 합방을 나누고 그날 밤을 즐긴다면, 내일 아침에 먹을 끼니가 없어도 아내는 남편을 탓하지 않을 것이며 비록 돈이 떨어져도 남편을 업신여기지 않는 것이 여자들의 생리적 현상 그 이상이라는 것을 알아야 한다.

그것뿐이겠는가? 하루가 다르게 남편의 권위가 상승해갈 것이고 부부생활의 성적인 쾌감도 배가 되면서 내용이나 깊이도 늘어날 것이다. 그렇게 되면 정해진 범위에서 벗어난 오럴 행위도 괜찮고 날마다 섹스의 강도가 깊어지게 되는데 이때 생기는 그 어떤 행위나 체위, 심지어 교성까지도 무난하다.

하지만 아직도 성적 자극법이나 상대를 위한 애무의 깊이를 모르는 부부가 있다면, 성적인 자극에는 분명히 남녀의 차이가 있다는 것을 인식하여야 한다. 만약 그것을 외면한다면 A, B, C를 모르면서 영어문장을 외우는 것과 다를 바 없다. 그런데 결혼생활을 오랫동안 유지했던 부부도 이를 모르고 살았거나, 삶의 황혼기에 있는 부부조차 그런 사실을 모르는 경우가 많다.

그것뿐인가? 그런 유형의 사람 중에서는 일차적으로 여자의 주 성감대가 질이 아니라 클리토리스(clitoris)라는 사실을 모르고 있다. 어떤 사람은 성적쾌감에서 남자의 귀두가 예민하다고 하지만 두 배나 더 민감한 곳이 여자에게 있다는 것을 모른다. 여성들의 자위 포인트 90%가 클리토리스라고 할 정도로 그곳은 민감한 쾌락과 마법의 버튼임을 알고 있어야 한다. 이러한 사실을 모르는 남성들은 아무래도 여성들이 박력 있는 남자의 거친 체위보다 몇 배의 부드러운 애무를 더 원한다는 것을 모를 수밖에 없다. 남녀의 차이에 대한 성욕의 강도를 그래프로 그리라고 한다면, 남자의 그래프가 급격히 상승했다가 빠르게 하강하는 것이라면 여성은 완만한 곡선 즉 무지개 같은 곡선을 그리고 있다.

이를 더 세심하게 말한다면 여성 성욕 그래프는 아이들의 그림에서 나타나는 조각달처럼 비스듬하게 비추면서 낮게 그어지는 곡선임을 알아야 한다. 이는 남녀 성욕의 성향이 서로 다름을 의미한다. 성욕에 관하여 남성들은 독수리나 매로 비교하고 여자들은 곰으로 비교하기도 한다. 독수리나 매는 가끔 음식을 싱싱하지 않더라도 선호하는 데 반하여, 곰은 아무리 배가 고프고 허기가 져도 상한 음식에는 절대 가까이 가지 않는 특성이 있다.

나는 부부 관계에서 성적 체위도 중요하지만, 상대편의 성향을 알아 그에 대비하는 것 또한 더없이 중요하다는 사실을 MBTI를 통하여 깊이 인식하게 되었다. 이 검사는 프로이트의 제자이자 동료였던 칼 융(Carl Gustav Jung)이 창시한 분석심리학 이론에 기초하여 이자벨 마이어스(Isabel Myers)와 캐서린 브릭스(Katharine Briggs)가 만든 성격 분류 방식이다.

우리는 매 순간 자신과 주위 세계에 대한 정보를 받아들이고 상황을 파악하며 결정을 내리면서 살아간다. 그렇지만 똑같은 세상을 살아간다고 해서 반드시 같은 것을 보고 느끼거나 동일한 방식으로 판단하며 살아가지는 않는다. 설사 같은 상황이라고 해도 그때마다 각기의 판단이나 행동이 다르다는 것을 알아야 할 것이다.

이 검사의 선호지표는 첫째로 외향(Extraversion)과 내향(Introversion)으로 분류된다. 에너지의 방향과 초점을 태도로서 알아보는 것인데 외향인 사람은 주로 외부세계를 중시하는 사람들로서 말을 표현하고 외부요청이나 외적 환경의 끌림을 좋아한다. 무슨 일이 알게 되면 타인에게 먼저 알리거나 즉각적으로 행동한 후에 생각하는 경향이 있다. 그리고 이런 사람들은 다수와의 관계를 선호하며 타인과의 상호작용을 통하여 에너지를 얻는다. 이에 비하여 내향인 사람은 말보다 글로써 상대에게 전하고 혼자 있어야 에너지를 얻으므로 대체로 외향과의 반대 성향이 뚜렷하다.

두 번째는 감각(Sensing)과 직관(intuition) 분류로서, 이는 정보수집과 인식기능을 분류한 것이다. 감각형은 오감(시각, 청각, 미각, 촉각, 후각)을 통해서 정보를 획득하게 되고 실제적인 정보를 중시하며 현실성에

초점을 둔다. 그리고 세분한 부분을 잘 감지하며 전체적인 맥락에도 판단이 뛰어나다. 무슨 일에도 한 계단식 차례로 올라가기를 선호하여 실패가 적고, 언제 어디를 가더라도 관례와 전통을 중시하면서 사는 특징이 있다. 이에 반하여 직관형은 육감이나 영감을 통해서 얻을 수 있는 정보를 중시하며, 무슨 일에도 통찰과 가능성을 가지는데 계단보다는 건너뛸 수 있는 전체적인 맥락을 중시하게 된다. 이는 무슨 일에도 구체적이라기보다는 포괄적인 개념을 선호함으로써 숲을 보려는 경향이 강한 것이다.

셋째로 사고(Thinking)와 감정의 패턴 선호지표이다. 사고형은 정의와 공평을 중시하며 분석하고 분류하기를 즐기며 무슨 일이 생기면 자연스럽게 비판하고 해결책을 제시하는 성향이 있다. 그러나 자기 앞에 무슨 일이 놓이면 외부 관찰자의 입장에서 보고 비교적 논리적으로 결정한다. 이에 감정형은 가슴으로 결정하며 주관적인 가치를 중시하여서 무슨 일에도 자연스럽게 공감하며 내부 참여자의 입장에서 상황을 바라보면서 조화를 중시하는 경향이 뚜렷하다.

다음으로 판단(Judging) 및 인식(Perceiving)의 차이를 살펴보면 판단형은 무슨 일이 있으면 우선 판단하고, 계획하며, 질서 있는 삶을 이어가는 스타일이다. 무슨 일이든 목표지향적이고 조직화된 생활양식을 선호하며 명확한 순서와 구조를 좋아해서 자기 삶을 통제하에 두고 산다. 평소 하는 일에도 마감일이나 계획을 중시하며 시간이 정확하게 지켜지기를 원한다. 한편, 인식형은 매사에 융통성이 있고 적응을 잘하는 편이며, 순발력이 있는 삶의 방식을 선호한다. 일을 해도 과정지향적이며 유연한 생활양식과 자연스러운 흐름을 선호해서 살아가는 삶의 패턴에 따라 적응하고자 한다. 시간의 변경에 대하여 융통성을 가지며 최후의 임박한 순간에 마감을 맞는 사람들이 대개 이 성향의 사람이 많은 편이다.

열일곱.
마음이 몸을 바꾼다

인생은 우리 마음대로 되지 않는다.
제 마음대로 굴러간다.
그것을 어떻게 극복하느냐가 차이를 만들어 낸다.
— 버지니아 사티어(Virginia Satir, 1916~1988)

그해 겨울, 첫눈이 내리고 난 뒤의 어느 날이었다. 상담실의 쪽문이
열리면서 한 여성이 들어왔다. 외아들이 하나 있는데 몇 년 전부터 낮
에 잠을 자고 밤에는 컴퓨터에 빠져서 정상적인 생활을 못 한다. 이
야기를 들어보니 그렇게 된 이유가 있었다.

하나뿐인 아들을 잘 키우고자 엄마는 수학을 가르치고 아빠는 영어
를 가르쳤다고 한다. 그날도 다른 날처럼 아빠가 영어를 가르치는 중
이었다. 그런데 아이가 똑같은 질문을 연달아서 하였다.

"아빠, 'a'를 '하나'라고 하는 거야?"

"응, 그래! 그런 의미로 말하는 나라가 있단다."

"그럼, 왜 '어'라고 발음하는데?"

"……?"

조금 전에도 했던 말을 또다시 반복하자 아빠는 슬그머니 화가 났다. 하라는 공부는 하지 않고 자꾸 딴청을 피우는 것이 못마땅해서였다. 그러나 이런 아빠의 속마음을 아이가 알까? 연이어 또 묻자 아빠는 더 이상 참지 못하고 화를 내고 말았다.

"왜, 쓸데없는 말을 해! 하라는 공부는 안 하고, 그렇게 공부가 싫으면 그만둬! 에이 정말, 화가 나서…."

이렇게 말하고는 책을 바닥에 내동댕이친 뒤 방을 나가버린 것이다. 아빠의 돌변한 태도에 놀란 아이는 그만 혼비백산하여 온몸이 얼음장처럼 땅에 얼어붙었다.

"앞으로 당신이 공부를 시키든지 말든지 해. 난 이제 더 이상 못하겠어."

"……?"

"아빠! 왜, 아침에 해가 뜨는 거야? 그리고 왜, 해는 동쪽에서 서쪽으로 지는 거야!"

이렇게 물으면 가끔 어른의 말문이 막힐 수 있다. 그렇지만 그것이 아이들의 동심임을 왜, 몰랐을까? 갑자기 아빠의 돌변한 태도에 영문을 모르고 놀란 아이는 미처 정신을 차릴 여유도 없이 그날 하루가 지나갔다.

그때 받은 충격은 아이에게서 지워지지 않았다. 어떤 사건이 우리의 대뇌에 새겨지는 것을 각인이라고 하는데, 이는 오리가 태어나서 처음 본 어미를 따른다고 해서 붙여진 말이다. 세월이 흘러 아이의 머리에 몹쓸 기억이 되살아난 것은 중학교를 입학하고 난 후의 일이었다.

'영어' 시간에 책을 보고 있는데 알파벳(alphabet)이 눈에 들어오지 않고 아빠의 화난 모습이 떠올랐다. 수업에 지장을 받지 않으려고 발버둥 쳤지만 소용이 없었다. 오히려 그럴수록 대뇌의 시냅스는 강화되기 마련이다.

우리 집안에 쓰레기가 가득 차면 비워야 또 다른 것을 담을 수 있는데, 감정을 담고 있는 중간뇌의 해머와 편도체에 나쁜 기억들이 쌓여만 가면 어떻게 되겠는가? 말하자면 기억의 파편들이 한두 번에 그치지 않고 반복적으로 쌓여가면서 나쁜 이미지는 강화되기 마련이다. 이러한 현상은 '뇌의 가소성'과도 깊은 관계를 가지게 된다. 즉 뇌의 가소성은 긍정적인 생각을 하면 긍정적인 시냅스가 자라고 부정적인 생각을 하면 그에 따라서 부정적인 시냅스가 생기는 것을 말하는데, 일정한 속도로 그 역량을 쓰지 않으면 감쇄되는 현상도 일부 보인다.

일 초당 하나씩 시냅스가 대뇌에서 빠져나가는 이러한 현상은 감각의 빈칸과도 연관이 있다. 시각 정보의 입력이 중단되면 이어서 청각을 담당하는 시냅스가 중단되고, 또 시각을 담당하는 역할도 일부 중단된다.

이렇게 되자 아이는 학교생활의 정상적인 패턴을 벗어나 자꾸만 바르지 못한 방향으로 가고 있었다. 즉 낮에는 잠을 자고 밤에는 컴퓨터에 빠져 사는 생활 방식이 연이어 지속되자 영어 시간과는 별도로 다른 수업에서조차 부정적인 정서가 전염병처럼 퍼져나갔다. 이렇게 시간이 지날수록 아이의 중간뇌에서는 안타까움과 함께 불안한 정서가 다져지고 있었다.

누구나 자기 삶을 슬기롭게 끌고 가려면 그날에 쓸 에너지를 모두 소비하는 것이 아니라 일정의 여분은 남겨 두어야 한다. 하지만 이 아이는 그러지를 못했다. 날마다 가지고 있는 에너지를 몽땅 스트레스에 빼앗기자 번민의 날이 갈수록 깊어졌다. 그러자 학습 태도가 갈수록 나빠지면서 모든 선생님에게 꾸중을 듣는 날이 많아졌다.

이렇게 되자 친하게 지내던 친구들도 하나둘 등을 돌리고 아이는 학교에 가는 것이 싫어졌다. 그 후 이 아이가 어떻게 되었을까? 아예 학교에 가지 않는 날이 많아지면서, 자신도 그렇지만 그 누구도 왜 아이가 이러는지 몰랐다. 부모들도 마찬가지였다. 특별한 이유 없이 달라지는 아이를 지켜보다가 애를 태우며 남들이 좋다는 곳을 찾아다니거나 백방을 뛰어다녀도 백해무익이었다.

무당집을 찾거나, 굿을 하거나, 퇴마사를 찾아가고, 용하다는 점쟁이나 스님을 찾아갔지만 모두 헛수고였다. 이런 전후 사정을 모르는 사람들은 아이를 볼 때마다 학생이 그러면 되느냐고 야단만 쳤다. 그러면 그럴수록 아이는 자기를 알아주는 사람이 세상에 하나도 없다는 생각에 빠지면서 아무도 만나기를 거절한 채 은둔의 생활을 이어가고 있었다.

부모는 원인도 모른 채 지쳐만 갔다. 달래기도 해보고 나무라기도 하였으나 아이는 아이대로 왜 자기가 이러는지 모르겠다고 울기만 하였다. 그런 날이 지속될수록 아이는 이제 햇빛도 보지 못하고 혼자 골방에 틀어박혀서 꼼짝도 하지 않았다. 그러자 어머니가 어쩔 수 없이 아이를 데리고 나를 찾아온 것이다.

그것이 그해 가을이 다 갈 즈음이었다. 아이는 이미 고등학교 2학년 학생이었다. 그러면 몇 년이 흘렀을까? 아이가 그동안에 무엇을 하면서 시간을 보냈겠는가? 엄마는 나를 붙들고 하나밖에 없는 아들이 공부는 못해도 좋으니 고교졸업장만이라도 갖기 위해 학교에 가게 해 달라고 졸랐다.

초등시절에는 착하기만 하던 아이가, 무엇을 해도 모범적이었던 아이가, 반에서 일 등을 도맡아 하던 아이가 갑자기 이렇게 된 이유를 모르는 부모의 마음은 얼마나 애가 탔을까? 아이의 가정은 이미 웃음이 사라진 지가 오래되었다.

결론부터 말하자면, 초등학교 때 아빠에게서 겪은 영어 시간의 악몽에 갇히고 만 것이다. 더 정확하게 설명하자면 해마에 나쁜 기억이 남겨져서 편도체에 깊이 박힌 것이다. 그러다가 잊고 있던 트라우마가 중학교 영어 시간을 통해서 되살아났다. 땅속에 깊이 파묻혀 있던 씨앗이 봄이 되면 세상에 나오려 해도 눈앞에 장애물이 막고 있으면 어떻게 나오겠는가?

나는 아이에게 심리유형 검사(psychologicaltests)를 하도록 하였다. 검사지에는 뚜렷한 모습이 보이지 않았다. 하는, 수없이 아이가 그동안 무엇을 하면서 어떻게 지냈는지 알아보기 위해서 라이프 검사를 시행했다. 그 과정을 통해서 아이가 학교 및 가정에서 어떻게 지냈는가? 또 관계지향적으로 살았는가, 의미지향적으로 살았는가, 미래지향적으로 살았는가, 목표지향적으로 살았는가를 살폈다.

그러자 그동안 억압되었던 기억들이 고개를 쳐들며 아빠와의 관계에서 비롯된 나쁜 기억들이 나타나면서, 히스테리성 성격장애와 외상 후 스트레스 장애(post traumaticstress disorder)를 보였다. 나는 외상 후 장애를 없애기 위해서 EMDR(Eye movement desensitization and repro cessing)을 실시하였다. 그러면서 부정적인 반응을 나타내는 대로 '처리되지 않는(unprocessed)' 기억을 확장하여서 과거 경험한 감정, 신체적 감각, 신념들을 NLP를 통하여 엥커링(anchoring)했다.

"잘 들어야 해! 나는 지금부터 처리되지 않은 너의 기억을 없애주기 위해서 EMDR을 하려고 하는 거야, 너는 나를 도와주겠니?"

"네."

"이 치료법은 미국의 심리학자 사피로(Shapiro) 박사가 발견한 것인데 전 세계가 시도하고 있어. 당시, 1989년 사피로 박사가 개인적인 일로 고민이 있었는데 공원을 산책하다가 숲을 바라보게 되었단다. 그때 경관에 취해 눈동자를 빨리 굴리자 그때까지 있던 부정적인 생각들이 모두 씻은 듯이 사라진 것을 보고 이 기법을 찾게 된 것이지."

"그럼 저는 앞으로 공부를 열심히 할 수 있게 되나요?"

"그럼. 물론이지."

우리에게는 외부의 어떤 자극이 오면 일단 오감을 통하여 기저체에 작업 기억(working memory)을 형성하게 된다. 아이가 당시 가졌던 자극이 자동으로 뇌에 있는 기억 네트워크와 연결되면서 불안의 요인이 형성되었다. 뇌는 우리 몸의 일부이므로 감각이든 감정이든 상상이든, 기억을 갖게 되는데 이때 가진 기억이 나를 두렵게도 하고 또는 기쁘게 할 수도 있다.

하지만 부정적인 정서를 만들어서 힘들어지면 이를 바꾸거나 없애기 위하여 뇌에 저장된 치유를 위한 메커니즘, 즉 적응적 정보처리 시스템(adaptive information processing system)을 활용할 수가 있다. 즉 아이처럼 외상 후 스트레스 장애가 형성되면 곧바로 양측성 자극을 시키면서 당시의 기억에 대한 느낌을 지워나가면 된다. 나는 아이가 지금까지 받았던 외상의 스트레스에 대한 느낌을 바꾸려고 시도하였다.

첫 회기에 첫 세트가 이어지면서 아이의 마음이 크게 움직였고 눈빛이 빛나는 것을 보았다. 그리고 얼마 지나지 않아 아이가 달라지는 것을 내 두 눈을 통해서 확인하였다.

"지금 무엇이 떠오르니?"

"네, 두려움이 커지고 가슴에 통증이 느껴져요."

대답을 들으며 "자. 그대로 가겠습니다."라는 말과 함께 몸과 마음 상태를 체크하였다.

"지금 무엇이 떠오르니?"

"공부 시간이 떠올라요."

"지금 무엇이 떠오르니?"

"이제 아빠와의 공부 시간이 무섭지 않아요."

"그래, 조금만 더 가자."

양측성 자극은 연이어 반복되었다.

"지금 무엇이 떠오르니?"

"두려움은 없어졌지만 가슴이 조여와요."

"지금 무엇이 떠오르니?"

"조이는 느낌이 줄어들면서 마음이 편안해졌어요."

"자 이제부터 모든 감정이 어디론가 흘러가게 내버려 두어라. 그리고 심호흡을 크게 해라."

대뇌에 남아있던 부정적인 시각을 걷어내면 누구나 지금까지 가지고 있던 고정관념에서 벗어날 수 있다. 그날부터 아이는 울지 않았다. 그러던 어느 날이었다. 그 아이가 한 세션을 마치고 집으로 돌아가다가 나갔던 문을 다시 돌아오면서 내 가슴에 깊이, 깊이 안겼다. 그리고 그렇게, 그렇게 서러워하면서 울었다.

그날, 이 아이가 왜 그토록 슬퍼했을까? 그렇지만 나는 이 아이에게 아무것도 묻지 않았다. 아이가 무슨 말을 나에게 하려고 했는지 짐작한다. 이 아이의 뇌에서는 이제 과거의 온전한 뉴런 즉 새로운 시냅스가 살아난 것이다.

그렇게 해서 많은 세월이 다시 흘러갔고 이제 그 아이를 다시 볼 수 없는 내가 되었지만, 아직도 그 아이를 처음 봤을 때의 모습이 생생하게 떠오른다.

"선생님 제가 왜 이러는지 모르겠어요?"

왕방울 같은 눈이 다 젖도록 하염없이 울었던 그 날을 기억한다. 우리들 누구에게나 크고 작은 기억이 하나둘씩 가슴이과 머리에 있지만 그처럼 모질고 처절한 기억을 감히 누가 가지고 있으리라고 상상이나 했을 것인가?

나는 가끔 트라우마를 가진 사람들을 만나면 '원수 찾아 땡-큐(thank you)'라는 말을 한다. 그 원수 같은 기억이 때로는 구렁텅이에 빠뜨리기도 하지만, 그래도 그날을 극복하면 비 온 뒤 땅이 굳어지는 것처럼 새로운 눈을 가진 사람으로 탄생할 수 있기 때문이다.

지금도 꽃피고 새가 우는 날이면 그 아이가 가끔 보고 싶다. 지금 무엇을 하면서 어떻게 지낼까? 그리고 얼마나 자랐을까? 그냥 한 번만이라도 보고 싶다. 그 아이의 어머니에게서 전화가 한 통 걸려 왔던 날을 기억한다.

'따르르릉, 따르릉.'

아이 어머니의 목소리가 심하게 떨리고 있었다.

"선생님! 우리 아이가 이제 달라진 것 같아요."

"……?"

"어떻게 이렇게 되었지요?"

나는 뭐라 대답할 말이 없었다. 대답을 기다리던 어머니가 다시 말했다.

"선생님, 놀라워요. 그리고 고맙습니다. 정말 백골난망(白骨難忘)입니다. 죽어서도 평생을 잊지 못할 은혜입니다. 선생님…!"

마음을 움직이는 최면과 결혼

열여덟.
지우고 싶은 그리움에서 벗어나려면

사소한 것에 연연하지 마라.
모든 것은 사소하다.
— 리처드 칼슨(Richard Carlson, 1961~2006)

해운대 뒷산, 장산 뜰에서 불어오는 바람이 아침저녁으로 시원하다. 가끔 이런 날에는 영화에서 음흉한 소리를 내는 귀신의 울부짖음이 들리기도 한다. 마당을 빠져나와 뒤채가 있는 쪽문으로 빠져나가는데 방금 도착했다는 한 내담자가 나를 기다리고 있었다.

"요즘 잠을 못 잡니다. 몇 해 전에 아내를 떠나보내고 마음이 허전해서 재혼하였는데 성격이 잘 맞지 않아서 자주 다툽니다. 무슨 친구가 그리 많은지 동창회니, 뭐니 한번 밖에 나가면 함흥차사(咸興差使)입니다. 그럴 때마다 마음속으로 '내가 이러려고 결혼했나' 하는 생각이 들기도 하고요."

"그러면 왜, 부인이 집을 자주 비우는지 그 이유를 알고 계시나요?"
"그것을 잘 몰라서…."
"그렇겠지요. 그럼 다른 가족관계는?"

"아이들은 서울에서 직장에 다니고 있기 때문에 일 년에 한두 번 다녀갑니다. 지금은 우리 두 부부가 아파트에서 살고 있고요….”

"이런 말씀을 드리기는 송구스럽지만, 단도직입적으로 여쭙겠습니다. 혹시, 결혼 전과 지금의 부부 사이에 잠자리는 문제가 없나요?”

"그것이 원만하면 이렇게 여기를 왔겠습니까?”

중년 신사가 힘을 잔뜩 주며 대답하였다. 그러더니 무슨 속상한 일이 그리 많은지 짜증스러운 표정을 지어 보였다.

"그렇겠군요. 그럼 실례입니다만, 혹시 어떤 이유로 재혼하게 되었는지 물어봐도 될까요?”

부인과 사별한 뒤 쭉 혼자서 아파트에서 살아왔다. 그런데 가장 힘든 것이 삼시 세끼 밥을 챙기는 일이다. 남들은 '밥은 전기밥솥이 해주고 반찬은 가게에서 사서 먹으면 된다'고 하지만 이런 생활에 익숙하지 않은 사람으로서는 여간 불편한 것이 아니다.

"그렇군요. 그럼 두 분이 집에서 따로 하는 일이 있나요?”

"네, 뭐 별로…?”

"제가 이런 말씀을 드리는 것은 텃밭이라도 하나 있으면 같이 채소라도 가꾸며 이야기를 나누든지, 그도 아니면 뒷산이라도 올라가면 좋을 텐데 하는 마음이 들었기 때문입니다.”

"아직은 뭐….”

"그럼 아직, 그런 시간을 가져보지 못한 것 같군요. 두 분이 아픈 과거를 하나씩 가지고 있으니까 여생을 좀 더 보람 있게 살아보려 해도 시간을 같이 나눌 짬이 많지 않을 것 같습니다. 그리고 앞으로 나이가 들수록 지인이 줄어들 것 아니겠습니까?

"그건 무슨 말인가요?”

"아, 네. 특별히 이유가 있어 하는 말은 아니고 연세가 들면 가깝게 지내던 친구들도 하나둘씩 돌아가시거나 가까운 친척도 발길이 뜸하

　　　　　　　　　　　　　마음을 움직이는 최면과 결혼

겠다는 뜻입니다만."

누구나 나이가 들고 기력이 떨어지면 여행뿐만 아니라 그저 차를 타는 것도 싫어진다. 그뿐이겠는가? 주머니에 돈이 있어도 쓰임새가 줄어들기 마련이다. 돈도 친구가 있고 아는 사람이 있어야 쓸 맛이 난다. 아무리 좋은 옷, 좋은 침대를 가져도 봐줄 사람이 없으면 그것조차 내키지 않는다.

"무척 공감이 가는 말이군요."

그는 쉽게 내 말에 동의하였다. 차린 모습이나 하는 행동 하나하나 군더더기가 없어서 좋다.

"앞으로는 두 분이 같이 있는 시간을 늘려갔으면 좋겠네요. 마음만 먹으면 우리나라도 갈 곳이 많아요. 두 분이 팔도 금수강산을 두루 살피면서 젊은 날에 못 갔던 곳이나 이름 있는 명소를 돌아보며 정을 쌓아가는 겁니다. 그러다가 시간이 나면 옛 친구들을 불러서 맛있는 음식도 나누어 먹으면 좋겠지요."

"그러고 보니 그것도 하나의 방법이겠군요?"

"그렇습니다. 이제 서로 무엇이든지 오순도순 이야기를 나누면서 건강을 유지하는 것이 무척 필요한 나이지요."

"네, 그건 그래요…."

"나이가 들면 들수록 건강이 최고입니다. 무엇보다 건강을 잃으면 모든 것을 잃는다고 하지 않습니까? 수년 전까지만 해도 선생님과 같은 분들이 나라의 기틀을 다진 분이었지요. 한국경제를 책임진 산 증인이기도 하고요. 일부에서는 군사정권이니 뭐니 하면서 다른 말을 하는 분들도 있지만 그건 그것대로 역사가 증명해줄 것이고 해방 이후 이 짧은 기간에 이 나라 경제를 옥석 위에 올려놓은 분은 바로 선생님들의 힘이었으니까요. 이제 그에 대하여 고마움이나 존경을 표하는 사람들도 갈수록 줄어들어가고 있습니다만 그것은 어쩔 수 없는 시대의 흐름이겠지요."

"지금 포스터 모더니즘에 대해서 말하고 계시는 것 같군요. 그리고 과거의 경우 모더니즘을 지칭하시는 것이지요?"

"네 맞습니다. 모더니즘 사회에서는 선생님 같은 분이라면 무엇이든 하고 싶은 것을 못 할 이유가 없었을 것이고 그 어느 것 하나 부족한 것 없이 살았겠지요. 그 어디를 가도 어른들로서 대우를 받으면서 사셨을 것입니다."

"……."

그는 사뭇 진지하게 경청했다. 이런저런 과거 이야기에 회한이 생겼던 것인가? 그의 눈에 이슬 같은 작은 눈물이 한 방울씩 맺혔다. 바라볼수록 측은한 생각이 들었다. 이맘때쯤의 나이가 들면 그럴 것이다. 나는 화제를 다른 데로 돌려야겠다고 마음을 고쳐먹었다.

"사별하셨다는 첫 부인은 어떤 부인이었는지 궁금하군요."

"그랬지요. 우리는 정말 잘 맞는 부부였어요."

"그런데 어떻게…."

"네, 말씀드리기가 민망하지만 위암으로."

"아, 그렇군요. 아픈 과거를 가졌었군요. 제가 무례한 질문을 한 것 같아서 미안합니다."

"아닙니다. 이미, 다 지난 일인 것인걸요."

말은 그렇게 하면서도 전 아내의 이야기가 나오자 더욱더 눈시울이 붉어졌다.

"사랑하시던 분이 불치의 병으로 돌아가시고 얼마나 마음이 아팠겠습니까? 그러나 과거 부인은 그 부인대로 좋은 추억이 되었겠지만, 이제 새 부인을 맞이했으니 여생을 복되게 살기 위해서는 좋은 추억을 많이 만들면서 행복하게 살아야 하지 않겠습니까?"

"그건 그렇지만…."

"이제 누구의 눈치를 볼 것 없이 무엇이든 하고 싶은 일이 있으면 하시면서 살아갈 나이이지요."

"네, 말만이라도 고맙습니다."

이야기를 이어가는 동안 기분이 한결 편해졌다. 나는 그의 안색을 살피면서 말을 이어나갔다.

"그러니까 이제부터 두 분이 너무 많은 것을 기대하지 말고 편하게 여생을 보내는 것이 어떻겠느냐는 뜻에서 드리는 말입니다만, 톨스토이(Lev Nikolayevich Tolstoy)가 '인생의 길'에서 한 말이 있습니다. '죽음을 망각한 생활과, 죽음이 시시각각으로 다가옴을 인식한 생활은 두 개가 완전히 다른 상태다.'라고 말입니다. 전자는 동물의 세계에 가깝고 후자는 신의 세계에 가깝다는 말이지요.

그리고 발자크(Honore de Balzac)는 '아무것도 변하지 않을지라도 내가 변하면 모든 것이 변한다.'라고 했습니다. 누구나 지금까지 무엇을 해왔거나 살아 온대로 살겠다고 하면, 이제까지 살아오면서 얻은 것 이상은 아무것도 얻지 못합니다. 하지만 지금까지와 다른 삶, 더 좋은 삶을 얻고자 노력한다면 지금부터라도 먼저 변해야 한다는 것을 잊지 말아야 합니다."

변하지 않고서 변화된 삶을 가질 수 없다는 것은 누구나 아는 사실이다. 하지만 매 순간 그 진실을 실천하고 사는 사람은 또 예외에 속한다. 그래서 나이가 들수록 딱딱한 이빨보다는 부드러운 혀가 살아남는다고 말하지 않는가? 그렇다. 무엇이든지 부드러워서 나쁜 것은 없다. 흙도 부드러워야 좋듯 겉흙이 딱딱하면 물과 공기가 잘 스며들 수 없지 않겠는가?

"이제 앞으로 생활 전반에서 주도권을 가지고 하루 일정을 짜세요. 아마 그러면 부인도 좋아할 겁니다. 그렇지 않고 과거에 매여서 언제나 고압적이고 냉소적이라면 부인이 선생님 곁에 오래도록 머물겠습니까? 그렇지 않습니까? 따뜻한 말 한마디에서 정이 생기는 것이지요."

"그게 마음으로는 느끼는데 잘되지 않아요…. 그러고 보면 쉬운 일이 어디 하나도 없네요."

"물론 그럴 수 있습니다. 그렇지만 마음을 바꾸셔야 합니다. 남의 머리에 들어있는 공부도 하자면 못 할 것이 없는데 뭐가 문제인가요. 젊은 시절에 바빠서 못했던 독서는 또 어떻습니까? 연세가 많으면 어디를 가기도 불편하실 것인데 우리 뇌는 활동과 상상을 구분하지 못합니다. 그래서 책 읽기는 감각 자체를 발달시키는 데 도움이 되지요. 연로한 어른일수록 실제 행동을 하는 것도 좋지만 상상력이 대뇌에 영향을 줍니다. 예를 들면 '커피향이 좋다.'와 같은 문장을 읽으면 후각피질이 발달할 것이고 '파블로프(Pavlov, Ivan Petrovich)가 공을 찬다.'와 같은 문장을 읽으면 운동피질 즉 소뇌(cerebellum)가 작동합니다. 이처럼 실제로 운동을 하지 않아도 책 속에서 상상을 이어간다면 뇌는 크게 활성화될 것이고 시냅스의 가소성도 증가하면서 건강을 유지할 수 있게 됩니다. 특히 요즘은 도시나 시골이나 관할 문화회관을 중심으로 치매 및 뇌 병변에 대하여 프로그램을 운영하고 있으므로 가끔 그런 곳에도 들리시는 짬을 내도록 하십시오."

"네. 꼭 그렇게 하겠습니다."

"선생님은 어떤 산을 좋아하시는지요? 저도 어느 책에서 읽었던 내용인데 지금은 가물거려서 정확히 떠오르지는 않습니다만, 특히 우리가 가을 산을 오르면 가장 먼저 보이는 것이 땅에 떨어진 나뭇잎이겠지요. 그 나뭇잎을 보면서 마음속으로 무엇을 생각하게 되나요? 아마 울긋불긋한 단풍잎의 아름다움에 기쁨과 탄식을 할지도 모릅니다. 하지만 그 떨어진 잎에서 나무의 고통을 알지는 못하겠지요. 보고 싶은 것만 볼 수도 있으니까요.

그러면 가던 길을 멈추고 계곡에 내려가서 물 한 모금 마셔보십시

       마음을 움직이는 최면과 결혼

오. 그리고 그 물맛을 느끼십시오. 대개 가을의 계곡은 봄의 계곡보다 훨씬 수량이 많고, 물맛도 다른 때보다 또 달지요. 그것은 나뭇잎들이 고통을 감내하면서 수분을 배출하여서 생긴 사랑스러운 현상들입니다. 잘 알지 않습니까? 그 나뭇잎들이 몸에 있는 수분을 배출하는 이유는 곧 다가올 겨울을 잘 나기 위해서이지요. 가을부터 욕심을 내어 수분을 머물고 있으면 겨울 한파에 얼어 죽을 수도 있으니까요. 그래서 생존을 위해서 가지고 있는 아주 귀하고 생명줄 같은 수분을 비우는 것입니다. 그러나 나무는 희망을 잃지 않습니다. 봄이 오면 수분을 채울 수 있다는 것을 알기 때문이지요. 그런 면에서는 우리 인간도 마찬가지입니다. 나이가 들면 가지고 있는 것들을 하나씩 비우면서 살아가야 합니다. 젊은 시절처럼 무거운 것을 다 들고 있으면 힘에 부칩니다. 이처럼 가을 나무가 생성과 소멸을 철저하게 지켜내는 것을 보듯이, 늙음을 서럽게 생각할 것이 아니라 철저하게 비우는 것부터 이제 시작해야할 나이입니다.”

“네. 고맙습니다. 명심하겠습니다.”

“그리고 선생님은 아내와의 사이에 기질과 성격의 상관관계에 대해서 아시는지 묻고 싶습니다.”

“저는 그에 대해서 아는 것이 별로 없습니다.”

“인간은 한배에서 태어났다고 할지라도 걸음마를 시작하기 전 단계에서부터 참 많이 다르다는 것을 일상적으로 알게 됩니다. 어떤 아기들은 유난히 잘 울고, 또 예민해서 잘 놀라기도 하지만 어떤 아이들은 무던하고 순하지요. 요람에 누워있을 때부터 말입니다. 이러한 특성 중 몇 가지는 생물학적인 연관성이 커서 성인기까지도 상당한 영향을 미치면서 특성 형성이 지속된다는 것이 알려졌지요.

이에 관하여 워싱턴 대학의 정신과 의사인 클로닝거(Robrrt Cloninger)는 선천적이고 생물학적인 영향을 많이 받는 '타고난 기질적 특징'에 관한 네 가지와, 후천적이면서 교육이나 환경의 영향을 많이 받는 '성격' 세 가지를 측정하는 설명 도구를 완성했습니다. 그것이 바로 기질 및 성격검사(The Temperament and Character Inventory: TCI)입니다.

"그러고 보니 어디선가 조금은 들은 말인 것 같네요."

"그렇습니까? 클로닝거가 처음 개발한 TCI는 240문항으로 구성되어 있어 검사 시간도 꽤 걸리고 분석에도 관련 전문가의 해석이 필요했지요. 그래서 문항을 140개로 줄인 TCI-R의 경우, 국내에서 '마음사랑'이라는 심리검사 기관에서 판권을 가지고 자격을 갖춘 사람에게 검사를 의뢰하고 있습니다."

"그런 검사가 있었군요. 저는 지금 이 나이가 되도록 살아도, 그 노래 가사 있지요. '내가 나를 모르는데'라는 노랫말같이 저는 저 자신을 모르는 채로 살아왔거든요. 그래서 이 나이가 되도록 궁금한 것이 하도 많았는데 이왕 제가 오늘 여기까지 왔으니 박사님! 저도 여기서 검사를 한 번 받으면 어떨까요?"

"물론 가능합니다. 그런데 이 검사는 MBTI와는 조금 다르게 연속적인 점수로 나타납니다. 그리고 어느 특정 항목이 높거나 낮은 것이 '좋다', '나쁘다'를 의미하지는 않아요. 나름대로 사람들에게 기질과 성질에 대하여 장단점이 있다고 보고, 단점을 좀 더 극복하는 방향으로 노력하는 데 쓰이게 되며 특히 대인관계에서는 성격의 특성을 이해하는 데 큰 도움이 될 수 있습니다."

"그랬었군요."

"우선 인간의 7가지의 기질 및 성격 척도와 각각의 하위척도들의 측정들을 살펴보면 첫째로 자극 추구(Novelty Seeking)가 있습니다. 자극 추구가 높은 사람들은 대체로 에너지가 많습니다. 그리고 온갖 관심사가 많아서 그런 사람과 가까이 지내게 된다면 바쁘고 심심할 일 없을 것입니다. 또한 이런 사람은 살아가는 모습도 매우 활기차기 때

마음을 움직이는 최면과 결혼

문에 남들이 보면 정신이 없을 수도 있습니다. 이런 사람들일수록 단조로운 생활을 견디지 못하지요. 그렇지만 자기가 좋아하는 일이 있으면 누가 잘 때 업고 가도 모를 만큼 몰입하는 특성이 있습니다. 그리고 에너지가 넘치기 때문에 도박이나 알코올, 마약중독에 빠지기 쉽습니다. 그에 반하여 본 성향이 낮은 사람들은 안정적인 생활을 합니다. 이들은 모험을 즐기지 않고 새로운 것보다는 익숙한 방식에 편안함을 가지기 때문에 이런 사람을 놓고 우리는 별로 재미가 없는 사람들이라 하기도 하지요.

두 번째로 위험회피(Harm Avoidance: HA)는 닥쳐올 위험이나 좋지 않은 상황에 대한 대비와 불안, 야단이나 처벌에 대한 두려움을 가지고 행동을 합니다. 그래서 성향이 높은 사람들은 항상 긴장하지 않아도 될 상황에도 긴장하게 되고, 어느 정도는 익숙한 상황에서도 조금만 의문이 생기면 쉽게 위축되는 특징이 있습니다. 그래서 매사에 사소한 일에도 집착을 잘하고 부정적이며 잡생각들이 끊이지 않습니다. 이러한 생각들이 머릿속에 복잡하게 뭉쳐 있어 다른 사람들보다 쉽게 지치게 됩니다. 그래서 다른 사람들에 비하여 스트레스를 많이 받는 단점이 있지요. 이런 사람들은 자주 몸이 아픕니다. 그렇지만 성향이 높다고 결점만 있는 것은 아니지요. 이들은 매사에 준비태세가 잘 되어 있기 때문에 혹시 예측하지 못한 상황이 닥쳐와도 어려움이 없이 잘 이겨 냅니다. 본 성향이 낮으면 낙관적이고 여유 있는 태도를 보이지만 그렇다고 이런 사람들만 장점을 가졌다고 볼 수는 없을 것입니다.

세 번째로 사회적 민감성(Reward Dependence: RD)이 높은 사람은 관계 속에서 인정을 비롯한 어떠한 심리적, 물질적 보상에 예민합니다. 따라서 관계에서 다른 사람들의 거절에 민감하며 타인에게 싫은 소리를 못 합니다. 남과의 관계에 있어 친밀 유지를 좋아하며 그럼으로써 좋은 평가를 받습니다. 그러나 반대로 보면 그만큼 피곤하게 세상을 살 수도 있습니다. 이런 성향이 지나치게 높으면 너무 의존하거나 줏대 없다는 소리를 들을 수 있는데 즉 의존성 성격장애라는 말을 듣기에 십상입니다.

네 번째로 인내력(Persistence: P)은 우리가 살아가면서 늘 지루하고 반복적인 일을 얼마나 잘 참고 끈기를 가지고 있느냐에 따라 결정되므로, 공부가 인생을 결정짓는 젊은 시절에는 큰 장점일 수가 있습니다. 그러나 인내가 낮다고 반드시 나쁜 것은 아니지요. 이 성향이 적당히 낮으면 현실과 적절한 타협을 하게 되고 현재에 만족 지수가 높을 수 있습니다.

다섯 번째로 성격의 세 가지 자율성, 연대감, 자기 초월은 후천적 특성이므로 한꺼번에 설명해 드리겠습니다. 우리는 평생 좋든 싫든 교육의 영향을 많이 받지요. 그래서 첫 번째로 말하는 자율성(Self-Directedness: SD)은 말 그대로 자율성, 독립성, 책임감 등을 말합니다. 이런 사람들은 평소의 삶에서 의미를 부여하며 스스로에 대한 동기와 목표 부여 등을 특징으로 여기기 때문에 독립 및 책임감이 높은 사람을 말합니다. 이와 반대되는 사람은 의존성이 강하여, 극단적으로 말하면 자신에 대해서 주체성이 결여되어 있고 이 사람 저 사람의 말에도 '혹'하면서 늘 피곤한 삶을 살아갈 수밖에 없는 것이 큰 단점이 되겠지요.

두 번째로 연대감(Cooperativeness: C)은 자신의 개인성에 대한 중요도만큼이나, 자신이 전체 조직이나 사회의 한 부분이라는 것을 인식하면서 사는 사람들이지요. 이러한 사람들은 조직 내에서 타인과 자신의 욕구를 잘 절충하고 협동성이 높으며 다른 사람의 입장을 잘 배려하면서 봉사도 잘해서 사회에 인정을 받는 성실한 사람으로 평가받을 수 있다는 장점을 가지고 있습니다.

세 번째로 자기 초월(Self-Transeendence: ST)의 성향을 가진 사람은

마음을 움직이는 최면과 결혼

영적인 것, 지금 눈에 보이지 않는 삶과 세계의 의미들, 개인과 구체적 현실을 넘어선 자연과 생명의 의미 등에 태도가 열려있을 것이고 그런 쪽으로 관심이 많습니다. 이 특성이 강한 사람들은 죽음과 임종, 이별, 애도 등의 문제에 유연한 태도를 보이는 성향이 있겠지요. 그러나 성향이 낮은 사람은 현실적이고, 구체적이며, 실제적인 가치를 중시하기 때문에 합리적이고 객관적인 것을 중시하여서 모호하고 불가사의한 것을 배격하는 경향이 강한 사람이라고 볼 수 있습니다."

"자세한 말씀 오늘 너무 감사합니다."

(끝)

마음을 움직이는 최면과 결혼–최면상담과 NLP 중심으로

초판발행	2021년 1월 31일
지은이	백형진
펴낸이	노 현
편 집	최은혜
기획/마케팅	정성혁
표지디자인	박현정
제 작	고철민·조영환
펴낸곳	㈜ 피와이메이트
	서울특별시 금천구 가산디지털2로 53 한라시그마밸리 210호(가산동)
	등록 2014. 2. 12. 제2018-000080호
전 화	02)733-6771
f a x	02)736-4818
e-mail	pys@pybook.co.kr
homepage	www.pybook.co.kr
ISBN	979-11-6519-135-1 03180

정 가   12,000원

박영스토리는 박영사와 함께하는 브랜드입니다.